日本《にほん》復喝《ふっかつ》！

中国の「静かなる侵略」を撃退せよ

佐々木 類
Rui Sasaki

ハート出版

日本復喝！

はじめに

21世紀の侵略者は静かに、笑顔で、手みやげを持ってやってくる。チャーム・オフェンシブ（魅力攻勢）と呼ばれる外交的詐術を使った乗っ取りがそれだ。異民族を浄化し、他国の伝統、文化を上書き保存して、この世になかったことにしてしまう。

その目標を達成するため、意図的にお世辞や自身の魅力を語って近づくのである。微笑《ほほえ》みと札束で相手を籠絡《ろうらく》し、しまいにはすべてを自分の血肉にしてしまう悪魔的な手法である。花に擬態したハナカマキリが、花に近づく虫たちを捕食する姿にも似ている。

ハナカマキリとは、言うまでもない。本書の主題である中国共産党のことだ。共産党の独善と習近平国家主席が掲げる「中国夢」などという誇大妄想がもたらす、チャイナリスクと言ってもよい。

時あたかも、レッセフェール（自由放任主義）と謳《うた》われた、国際金融センターとしての香港が、その機能を失おうとしている。旧宗主国だった英国と中国の間で交わされた国際公約で保障された一国二制度が、今年２０２０年5月に北京で開かれた全国人民代表者会議で骨抜きにされたのだ。全人代常務委員会が制定した国家安全維持法という名の「香港抑圧法」に対し、米国はさっそく制裁法の制定を目指し、中国に強烈なカウンターパンチを見舞っている。

トランプ米大統領の表明した「中国や香港の高官に対する制裁に向けた必要な措置」が、米国内における中国共産党幹部の資産凍結に関わるものであり、米当局がそれを本格的に執行したり公表したりすれば、米中新冷戦はその時点で、「勝負あった」となる。そのとき、習近平政権は断末魔の最期を迎えよう。

野蛮な隣国の餌食になって地球上から消えた国々や民族は、世界史を紐解けば枚挙にいとまがない。東トルキスタン共和国たるウイグルでは、イスラム教徒の多いウイグル人と、そこに微笑みながらやって来た漢人が、当初はそこそこ仲良く暮らしていた。だが、あるとき突然、漢人が中央政府に呼応して「この地は4千年の昔から漢人の土地である」と宣言し、なだれ込んだ人民解放軍がウイグル人狩りを始め、ウイグル文化と宗教の弾圧を始めた。こうした事実を、世界はどこまで知っているのか。2020年になって、ようやく米議会が重い腰を上げ、ウイグル人権法を制定するに至ったが、日本も人権保護の観点から、米国と歩調を合わせ、ウイグルへの連帯と支持を表明すべきだ。

地政学上も、また歴史も違うため、短絡的な比較はできない。だが、日本自身も、いつなんどき、中国共産党政権によって、ウイグル化しかねないという危険をはらんでいる。そのことを、私たち日本人は強く自覚しなければならない。そんな水域まで、安全保障上の危険は迫っているのである。

日米安全保障条約という軍事同盟があるとはいえ、中国共産党政権は、日本全土を一度に数百発の核ミサイルで波状攻撃できる強大な核戦力を持っている。それを露骨な形で恫喝の材料として突きつけられた際、日本と日本人は、中国に抗することができるのか。

歴史認識で事実を直視すべきなのは、中国も日本も同じである。だが、北は北海道から南は沖縄まで、核と資本流入、移民の脅威にさらされ、生殺与奪を中国共産党に握られている現状を直視すべきは、日本自身なのである。

消えるのは一瞬である。10年、20年かかる話ではない。

何を馬鹿なことをと思われる読者がいるかもしれないが、日本も戦後の一時期、世界地図から消えている。ウソではない。日本列島はあったし、日本人もいた。しかし、日本政府はなかったのである。サンフランシスコ平和条約を締結するまで、日本人が自らの針路を決める主体性を失っていた時期があったのだ。その危機が今、日本に静かに、時には目に見える形で忍び寄っているのである。

沖縄県・尖閣諸島への中国公船や海軍艦艇による軍事的な挑発行為は、どんなに能天気な日本人であれ、目に見える脅威だと認識できよう。だが、もっと厄介なのは、微笑みながら、目に見えない形で、音を立てずに迫り来る脅威なのである。気づけば、家の近所には中国人ら外国人が異様に増え、5千人規模の首都圏の団地では、日本人より中国人住民の方が多くなっていたりする。千葉市美浜区のチャイナ団地で、騒音トラブルを解決しようという話し合いの途中、激高した中国人が日本人住人に対して「団地を乗っ取ってやる！」と恫喝した一件は、拙著『静かなる日本侵略』（ハート出版）でも紹介した。

軍事的な挑発、北海道や離島など過疎地における水資源や土地の買収などより、もっと恐ろしいのは、心を奪われることである。わが国が1千年、2千年にわたって築いてきた伝統や文化、「もののあわれ」や「わび、さび」に代表される日本独自の美意識、寛容な精神風土でつちかわれてきた宗教観といった、心の内面までもが、むしばまれることである。

孔子学院という名の「習近平学院」が、中国中央電視台（CCTV）と並ぶ、中国共産党政権に都合の良いことを宣伝するプロパガンダ機関として、米国やカナダで捜査対象となっていること、それが日本では何も問われることなく野放しとなっていることは、前著『日本が消える日』（ハート出版）でも指摘した。

救いがたいのは、日本人自身が知ってか知らずか、偽りの微笑に喜んで騙《だま》され、むしろ積極的に手招きしてきた事実である。毎年、朝貢国よろしく徒党を組んで北京詣《もう》でに精を出す財界首脳がその代表格だ。自国ファーストどころか、自社ファーストで、進んでパンダの懐に抱かれるその姿は、「公《おおやけ》」を忘れた私利私欲のかたまりに映る。彼らが中国首脳と喜々として記念撮影に収まる姿は、見たくない光景である。

スパイ行為を働く中国企業を排除し「アメリカ・ファースト（米国第一主義）」を唱えるト

ランプ大統領の主張は当初、グローバリズムへ突き進む世界への挑戦との批判を受けた。だが、このような日本の政財界の動きを見ていると、彼の言っていることこそ、自国の国益に沿った最適行動に見えてくる。

日中関係は１９９０年代から21世紀初頭にかけ、「政冷経熱」と言われてきた。しかし、これは商売だけでも中国とよろしくやろうという卑《いや》しい発想であり、時に日本を売り渡しかねない、詐欺的な言辞である。

さらに、中国共産党が弾圧してきたチベットやウイグル、内モンゴル、さらには１９８９年の天安門事件に代表されるように、言論の自由を求める自国民を弾圧してきた共産党による重大な犯罪に頬かむりする上で、好都合のキャッチフレーズでもあった。

政冷なのに、経済だけが熱を帯びるという、歪《ゆが》んだ関係であって良いはずがない。それは結局、企業ファーストを土台とした発想であるがゆえに、どこかで国を裏切ることにつながりかねないのだ。

つまり、自分たちが儲かれば商売相手がどんなに人権弾圧をしようがおかまいなし、という発想がビジネスの根底にあるのだとすれば、中長期的には、われわれが先祖代々紡いできた精神文化を、自らむしばんでいくことになるだろう。

その精神文化の代表格が「日本精神（リップンチェンシン）」である。筆者が福岡の九州総局時代に知己を得た戎義人・元台北駐福岡経済文化弁事処処長が教えてくれた。日本の統治時代から現在に至るまで台湾で引き継がれてきた、勇気、忠誠、勤勉、奉公、自己犠牲、責任感、遵法、清潔といった観念だ。これらの精神を統治時代に台湾人が学び、台湾で純粋培養され、後に自分たちの素養や気質として、誇りを持って「日本精神」と呼び、台湾に根づいた武士道でもあったのである。

それがどうしたことか。政財界あげてチャイナマネーという麻薬に手を染め、やめたくてもやめられない禁断症状に苦しんでいるのが、今の日本なのである。こうしたチャイナマネーに手を出すなと言っても、利潤を追求して社員とその家族の幸せ実現を目指す経営者たちは、聞く耳を持たないだろう。だからこそ、政治が日本の国策として、中国との「人、モノ、カネ」のあり方を、見直していくしかないのである。

その意味で、中国・武漢発の新型コロナウイルスが日本にもたらした災《わざわ》いは、良いきっかけになるに違いない。否、ピンチをチャンスに変えるための、良いきっかけにしていかねばならないのだ。それが日本復活の序章となる。

ウイルス禍によって日本の社会や経済がどれだけ大きなダメージをこうむったか。工業部品から医療機器、マスクに至るまで中国に依存することの危うさ、さらには、中国からの安易なインバウンド（来日旅行者）ビジネスが、いかに脆弱で持続しないものなのかを思い知った経営者や個人事業主は、少なくなかろう。

実際、政府が中国からの入国制限に二の足を踏んで被害を拡大させた原因は、こうしたインバウンドやサプライチェーン（供給網）を中国に依存する政財界に気兼ねしたからである。さらには、来なくて良いはずの習近平国家主席の国賓来日が呪縛となったのは、言うまでもない。

こうした中、安倍晋三政権は、二階俊博幹事長ら自民党や外務省をはじめとする、中央省庁や財界に巣くうパンダハガー（Panda hugger ＝親中派）をたくさん抱えながら、国民の健康と命を守るために、的確に対処してきたと思う。外国メディアが、「何から何まで間違っているように見えるが、不思議なことに、すべてが良い方向に向かっているように見える」と評したほどだ（米外交誌「フォーリン・ポリシー」）。

一方で、中国・武漢ウイルスの感染源を米国だとうそぶき、放火魔が消防士、さらには救世主を装う中国は、どこまでも臆面なく、厚顔ぶりを発揮している。今、そんな独善的な共産党が支配する中国とのデカップリング（切り離し）が、西側諸国の潮流となりつつある。平和ボケした日本も、今こそ、その必要性に気づかねばならないのである。


本書は、「静かなる日本侵略」シリーズ第3弾である。今次のコロナ禍を機に、チャイナマネーという禁断の果実に手を出せばどうなるのか、ひとたび国家の舵《かじ》取りを間違うとどうなってしまうのか。その危険性を紐解くと同時に、ピンチをチャンスに変える発想の転換がいかに重要であるかを訴えた。本書のタイトルを『日本復喝！』としたのも、まさにこうした理由だ。目先の利益に目がくらんで国を危うくしてはならない。日本を元気に復活させたいという気持ちから、「喝を入れる」と「復活」という両方の意味を掛けてつけたものである。

中国移民を大量に受け入れ、先進首脳7カ国（G7）で唯一、中国の巨大経済圏構想「一帯一路」の覚書《おぼえがき》を交わし、感染爆発と医療崩壊を起こしたイタリアの惨状のほか、自ら中国の植民地に成り下がったアフリカ諸国、そのエチオピア出身のテドロス事務局長が率いる中国の操り人形、世界保健機関（WHO）の堕落ぶりを紹介した。

中国移民をバンバン受け入れている日本の近未来が、今のイタリアになりかねない危険について、紙面を割いて訴えた。後述のローマやミラノみたいに、東京・皇居周辺を警視庁と中国警官が合同パトロールする姿を見たいと思う日本人は、いないだろう。

一方で、恫喝や陰湿な嫌がらせを受けながらも、素晴らしい防疫ぶりが世界から称賛された台湾や、中国のマスク外交にNOを突きつけたチェコといった、骨のある国々の戦いぶりも、それなりの紙面を割いて言及した。

本題である日本復活の具体的な処方箋は本文に譲るが、そこでは「ポスト・コロナ」における米国と中国の覇権争いが宇宙やAIといったハイテク分野で一層激しくなり、日本が今までのような、米中どちらにも良い顔をしていられなくなった危機的な現状を指摘した。

特に、第5世代移動通信システム（5G）で、安全保障上の危険を顧みずBATHと本腰を入れてビジネスをしようと考えているのなら、提携企業のみならず、日本自体が米国の制裁対象となり、取り返しのつかないことになりかねない。BATHとは、バイドゥ（百度《Baidu》）、アリババ（阿里巴巴《Alibaba》集団）、テンセント（騰訊《Tencent》）、ファーウェイ（華為技術《Huawei》）４社の総称である。目先の利益に目がくらみ、情報インフラを握られることの危険性が、まだ日本では十分に理解されていないようである。

例えば、先端技術を駆使して街全体をインターネットでつなぐ、近未来のスマートシティ。そこで主役になる自動運転に欠かせない画像認識技術は、ＡＩ（人工知能）に顔のデータを覚えさせるディープラーニング（機械学習）による。このデータには、体温から皮膚の劣化具合、年齢までも判定できる、細かな生体情報も含まれるというから恐ろしい。中国では実際、街中の監視カメラで行き交う人々を特定しながら、必要に応じて行動確認を続けているのである。

米国で研究研鑽を積んだ、「海亀」と呼ばれる若き中国人ＩＴ技術者らが、いかに純粋な探求心から最先端技術を進化させようとも、それは、人民を抑圧し世界を支配しようと目論《もくろ》む共産党を最終的に利するだけだ。党が支配する国家から巨額の資金援助を受け、その管理下に置かれている以上、彼らとて党の歯車でしかないからだ。

それは、日本企業も同じリスクを背負う。

ソフトバンクは今年２０２０年5月20日、イオングループが運営する「モール型ショッピングセンター」であるイオンモールの施設に、子会社が提供する顔認証技術と赤外線カメラ搭載のＡＩ検温システムを導入したと発表した。カメラに映った顔から１千～２千の特徴を抽出して、個人を特定する技術である。

従業員の体調管理が目的だというが、買い物客の生体データも抜き取られる懸念が拭えない。たとえ空港の入国管理局への導入であっても、個人の生体情報が中国に抜き取られる疑いが払拭できない中、チャイナズ・アイ（中国共産党の眼）が、日本人の日常生活に静かに侵入しつつあるのである。

問題なのは、この技術が、米国が人権侵害企業として制裁的な禁輸措置をとる中国企業「センスタイム（商湯科技）」が開発したサービスであることだ。

米商務省は2019年秋、中国・新疆《しんきょう》ウイグル自治区に住むウイグル人への人権弾圧に関与したとして、中国の民間企業や政府機関28社を、国家安保・外交政策に反する者のリストであるエンティティー・リスト（輸出管理規則リスト）に加えている。

ソフトバンクに限らず、トヨタやホンダなど日本を代表する自動車メーカーも、中国企業との提携を進めている。しかし、日本の国家安全保障という観点から、中国との「間合い」には、ビジネスを超えた慎重さが求められる。

それを忘れて中国との関係に前のめりになれば、2010年に米議会で不当に叩かれたように、トヨタだっていつなんどき、米国から苛烈な制裁を受けないとも限らないのである。そうなれば、トヨタという一企業の問題ではなく、日米関係の亀裂にもつながりかねない。

避けられぬ少子高齢化にあって、どれだけ豊かな社会と生活を実現していくのか。スマートシティは一つの答えでもある。だがそこに、中国製5GやＡＩを安あがりだといって、やみくもに導入することになれば、日本の近未来は、将棋で言うところの「詰み」であり、チェスで言うところの「チェックメイト」となるだろう。

米中新冷戦の時代の始まりとともに、グローバリズムの時代が終わる。市場原理はもはや、安くて良い製品をめぐる需要と供給のバランスだけでは、語れなくなってきていると言えまいか。だからこそ、日本は今、過度な中国依存から脱し、古《いにしえ》の時代からつちかってきた長所を活《い》かし、モノづくり文化の原点に立ち返る発想が必要なのである。

ただ残念ながら、ビジネスチャンスというニンジンを鼻先にぶら下げられ、チャーム・オフェンシブに絡め取られた日本は、中国共産党をバックに持つ中国企業にとって、赤子の手をひねるがごときであろう。騙されたと気づいたときには、取り返しがつかないのである。

だが、今ならまだ間に合う。政治に、経済に、社会において、中国との距離感を慎重に測ることの大切さを考え直すことだ。今こそ、そうした戦略的な思考が、国家にも、企業にも求められるのだ。

それは今からでも遅くないということを、世界に災厄をもたらした武漢ウイルスが教えてくれたと筆者は思っている。まさに痛みを伴う、人類にとっての天啓である。

ノアは、いつ箱舟を造ったか。「紀元前何世紀だったかな」と考えるのは野暮である。答えは「雨の降る前」である。雨の降る前に手を打たねば、この国に輝ける将来はない。そのことを、日本人は今こそ銘記すべきである。武漢ウイルスは、それを教えてくれたのである。

「中国の夢」「中国製造2025」「次世代AI発展計画」「中国百年計画」――。習近平国家主席が、世界で覇権を握るという野望を抱いているのは、疑いようのない事実である。

ならば、習近平はこの言葉をどう聞くか。

かつての最高指導者、鄧小平氏の言葉だ。1974年4月10日、米ニューヨークの国連本部を訪れた鄧氏は、各国首脳を前に演説し、こう語っている。

「中国は超大国ではなく、将来もそうなることはない。中国が変質して超大国になるならば、すなわち、中国が覇権を求め、他国を侵略、圧迫、搾取するようになるならば、世界の人民は、中国を帝国主義と見なし、それを暴露し、反対し、中国人民とともに打倒すべきである」

日本復喝！

もくじ

日本復喝！

第一章　中国が世界を席巻する日

「黄禍論」再び　イタリアは明日の日本なのか

先進首脳7カ国（G7）の中で、いの一番に中国の札びら攻勢の軍門に下ったイタリアは、情けない。G7では影の薄い存在が、いつの間にやら一帯一路の優等生だ。ローマは一日にしてならず。和風に言えば、築城3年、落城1日か。チャイナマネーという目先の利益に目がくらむと、ろくなことはない。19世紀イタリア統一の英雄、ジュゼッペ・ガリバルディも草場の陰で泣いていよう。

何しろ、こうした中国との距離の近さを自ら証明するかのように、国内では新型コロナウイルスによるパンデミック（感染爆発）を起こし、中国との人・モノ交流の活発さ、蜜月ぶりを世界に強く印象づけてしまったのだ。それまでもイタリアは、ドイツやフランスなどEU（欧州連合）各国はもとより、同盟国のアメリカからも、中国との距離の取り方について、陰に陽に忠告を受けていたにもかかわらずだ。

そんな中、経済的に苦境にあったイタリアのコンテ首相は2019年3月23日、イタリアを訪問した習近平国家主席と、中国が掲げる巨大経済圏構想「一帯一路」に協力する内容を盛り込んだ覚書（MOU）を交わしてしまう。

後で詳述するが、その経緯を見る限り、政治経験も浅く、外交の何たるかも知らないポピュリズム（大衆迎合）政党による、素人のやっつけ仕事としか言いようがない。金に目がくらみ、中国に言われるままの姿は、まさに操り人形のごとくである。こうした中国を「BIG BROTHER（大兄）」などと持ち上げるイタリアのメディアも、どうかしている。

これは何も、コンテ政権に限ったことではない。インバウンドによる外貨収入に過度に依存し、国家としての矜持や芯を失った歴代イタリア政権の失政でもある。それが、中国武漢コロナウイルスの感染爆発という形で一般市民にツケ回しされたのが、現在の惨状だ。この構図は、爆買いする中国人観光客を目当てに「観光客・年間4千万人計画」などとはしゃいでいた、どこかの国と同じではないか。

2019年にイタリアを訪れた中国人は、600万人に達した。日本円にして1人当たり10万～20万円を使うというのだから、中国人団体客は、とてもありがたい存在だったのだろう。そして、20年1月末にイタリアで見つかった最初のコロナの症例は、武漢から来た2人の観光客だった。その後、2月21日に北部ロンバルディア州コドーニョで38歳の男性が陽性と診断されてから、感染爆発が起きている。

筆者は2月初め、卒業旅行で訪れたイタリアから帰ってきたばかりだという日本人の女子学生の話を、都内で聞く機会があった。彼女がイタリア帰りと聞いたときはすでに手遅れで、2メートルの距離をとれていなかった。ただ、このときはまだ、イタリアでは感染爆発は起きておらず、幸い筆者もこの女子学生も、感染せずに済んでいる。

彼女の話によると、観光地で「この中国人！」と言われ、すれ違いざまに、わざと咳き込むマネもされた。さらには、「Ｇｏ　ｈｏｍｅ！（家に帰れ！）」と英語で罵《ののし》られたという。かわいそうにこの女子学生、生まれて初めての海外旅行で、生まれて初めて人種差別されて、憂鬱な気分でイタリアを後にしたという。

現地のメディアによると、ローマ市のサンタ・チェチーリア音楽院では、院長がアジア人学生に対して、医師の診察を受けるまで登校を禁じる通達を出し、物議をかもした。中国への渡航履歴にかかわらず、アジア人全般を対象にすることが「差別や恐怖をあおる」などと批判されたのだ。筆者もアジア人として不愉快千万だ。イタリアのみならず、ドイツやフランスといった欧州各国でも、アジア系をはじめ、日本人にも差別的な言辞を投げかけられたとの報告が相次いでいる。

さきのローマの音楽院については、「そんなことを言っている場合ではなくなるぞ」「明日はわが身だぞ」と思ったものだから、月1ペースで出ている2種類の動画番組、チャンネルＡＪＥＲ「佐々木類の日本復喝！」や、ＴＨＥ　ＳＴＡＮＤＡＲＤ　ＪＯＵＲＮＡＬ「佐々木類の政事高座」において、くだんの音楽院はアジア系の登校拒否だけではなく、学校そのものを閉鎖せざるを得なくなるだろう――と警告しておいた。しかし、筆者が指摘するまでもなく、間もなくこの学校が閉鎖に追い込まれた事実は、記録として記しておきたい。「そら見たことか」などと下品なことは言いたくないが、自業自得である。

ただ、付け加えておきたいのは、この音楽院の対応を、一概に差別だといって片づけるのも、短絡的に過ぎるということだ。学校をウイルス禍から守る立場にある院長としては、十分に取り得る選択肢であり、それを否定する権利も権限も、部外者にはないからだ。緊急事態における対症療法としては、十分あり得る対応なのである。

注意すべきはむしろ、「黄禍論」が、またぞろ欧州の一角で頭をもたげてきたということである。以下、少し長くなるが、大事なことなので、ブリタニカ国際大百科事典などから引用したい。

「黄禍論」というのは、日清戦争末期の１８９５年から欧州で唱えられた、アジア系に対する警戒論である。19世紀末にドイツの地理学者、Ｆ・リヒトホーフェンが、アジア民族の移住と労働力の脅威にふれ、黄色人種の人口の圧倒的な多さが、将来の脅威となるであろうと指摘した。さらに、日清戦争における日本の勝利が、欧州の白人の間に黄色人種に対する恐怖と警戒の念を強めたとされる。

ドイツ皇帝ウィルヘルム2世は、かつてのオスマン帝国やモンゴルの欧州遠征に見られるように、黄色人種の興隆は、キリスト教文明ないしは欧州文明の運命にかかわる大問題であるから、この「黄禍」に対して、欧州列強は一致して対抗すべきであると述べている。特にロシアは、地理的に「黄禍」を阻止する前衛の役割を果すべきであり、そのためにドイツはロシアを支援して、黄色人種を抑圧すると主張した。

この主張の背後には、ロシアを極東への進出政策に向けることにより、ヨーロッパ、中東におけるロシアからの脅威を減殺して、ドイツのオスマン帝国進出政策を容易にしようとする政治的意図が存在した。

そして、この構想の最初の具体的表現が、ドイツ、フランス、ロシアによる日本への三国干渉だった。その後、第二次世界大戦中の1914年に日本が中国大陸におけるドイツの租借地を占領した際にも、こうした黄禍論が唱えられ、日露戦争後から1920年代にかけてのアメリカの排日運動の際にも、同様の黄禍論的な議論がしばしば行われた。

というわけで、ヨーロッパには黄色人種への警戒感というのが骨の髄まで染みわたっていて、それはもはやDNAレベルにまで刷り込まれていたのだろう。人の本性は、手や指のささいな仕草に現れるという。さきの音楽院の「アジア系お断り」のお触れも、ふだんは理性という蓋で心の奥深くにしまい込んでいた黄色人種への差別意識が、コロナウイルス禍という非日常に直面したことをきっかけに、何のためらいもなく表に出てしまったのだろう。

もちろん、欧州に住む白人のみんながみんな、黄色人種への差別感情を内に秘めていると言うつもりはない。だが、彼らの言う「人種差別はいけませんよ」などという言葉は、単なる建前だったということが、今回の一件で明らかになったのは確かである。

それは日本人のみならず、人間だれにも言えることである。きれいごとで世の中を片づけようとすれば、物事の本質を見失う。このローマの音楽院の一件によって、世界のあちこちをそれなりに取材して回った筆者の見立てが、あながち間違っていないということが証明された気分でもある。

医療崩壊したイタリアと崩壊しなかった日本

さて、コンテ政権をはじめとするイタリアのダメっぷりは後述するとして、北部を中心とする感染拡大の惨状や医療崩壊の現場の声を、現地の報道から拾ってみたい。「不思議なほどうまくいった」と海外から評される日本だが、今後第2波、第3波が来ないとも限らない。イタリアをもって、他山の石とするためだ。

衝撃的だったのは、「イル・ジョルナーレ」という現地メディアに掲載された、北部ロンバルディア州の医師の証言だ。

「60代以上の患者に挿管しなくなった。若い人や病状のない人を選んで、挿管する人の選択をしなければならない。人工呼吸器を必要とするすべての人に挿管できなくなった」

感染者の爆発的な拡大による医療崩壊で人口呼吸器の数が足りず、医療従事者が、より若い人を救うため命の選択を余儀なくされているというのだ。医療用語でいう「トリアージ」である。これは、特定の基準に従って治療の優先順位を決めることで、トリアージ（triage）は、元々はフランス語で「選別」を意味する語だ。

特に救急医療において、先着順等ではなく、重症度や治療の緊急性などに基づいて治療の優先順位を決定し、搬送、治療に当たることを指す。今回のパンデミックのように大規模災害や疫病が発生した場合、医療資源をはるかに超えた多くの負傷者や罹患者が発生するため、最大限の救命を行うために、トリアージの考え方が重要となるのだろう。

筆者が九州総局長として福岡市に赴任していた2016年4月に起きた熊本地震では、このトリアージの必要性に直面して心を痛めた救急隊員らの証言を活字で知ったことを思い出す。

さて、さきのロンバルディア州の医師の証言については、医師が所属する病院が「事実ではない」と別のメディアで反論しているが、真偽は明らかになっていないという（日経ビジネス2020年3月12日付　電子版）。

訴訟ざたが起きうることを考えれば、病院側としても、医師の証言を即座に認めるわけにはいかないという事情もあろう。だが、感染して死んだ重症者の数と病床、集中治療室の数を見るまでもなく、限られた人工呼吸器をどの患者に装着すべきか、現場の医師らが苦渋の判断を強《し》いられていたのは、疑いようのない事実である。それが医師の仕事だからだ。

コロナによる医療崩壊が叫ばれていた２０２０年３月19日時点での、イタリアの感染者と死者数を見てみよう。

イタリア政府は、新型コロナウイルスで死亡した人が４２７人増えて３４０５人になったと発表した。これは19日に中国が発表した３２４５人を上回り、世界で最も多い死者数となった。３月10日からの10日間で死亡した人は、５倍以上に増えた形だ。もちろん、中国の数字が信用できないことは言うまでもないが、一応、公表ベースだとイタリアが世界最多となっている。

新たな感染者も５３２２人と、１日としてはこれまでで最も多くなり、感染者は合わせて４万１０３５人となっていた。

日本でも４月に入って医療崩壊の危機が叫ばれ始め、16日に全国で緊急事態宣言を発令する事態となったが、イタリアではひと足早く、その危機に直面していた。伊政府は集中治療室の増設など医療態勢の強化を進めたのだが、感染の拡大が続く北部の医療現場からは、設備やスタッフが絶対的に不足しているとして、支援を強く求める声が噴出していた。

３月下旬の時点で、集中治療室で治療を受けている患者はイタリア全体で２５００人近くにのぼり、このうち感染者が集中している北部ロンバルディア州だけで約１０００人となっていた。イタリアには全土で集中治療用のベッドが５２００床あるとされている。だが、政府は急増する患者に対応するため、新たに2万人以上の医師や看護師を確保するほか、３億４千万ユーロ、日本円で４００億円余りを投入し、集中治療室の増設を進めた。

ロンバルディア州の中でも感染者が最も多いベルガモでは、地元の医師、ステファノ・ファジョーリ氏がＳＮＳ（会員制交流サイト）上にビデオメッセージを投稿し、「医療スタッフ、看護師、医師は、休みなく何時間も非常事態と戦っている。このパンデミックがいつまで続くか、全く分からない。できるかぎり自宅にとどまり、感染を広げないでほしい。医師や看護師、人工呼吸器やマスクが足りない」と医療現場の窮状を訴えた。

イタリアでは感染者のうち、死亡した人の割合を示す致死率が19日の時点で８・３％にのぼり、世界保健機関（ＷＨＯ）などの合同調査チームが発表した中国全体の致死率の３・８％を大きく上回った。実際の感染者は確認された数より多いため、致死率はあくまで参考程度だが、それにしても高い。ＥＵ統計局によると、イタリアの人口のうち65歳以上の高齢者が占める割合は22・６％と、ＥＵ加盟国の中で最も高い。こうした年齢構成も致死率を押し上げている可能性がある。

フランスの公共放送「フランス２」によると、多くの犠牲者が出ている北部の町ベルガモの病院では、新型コロナウイルスの感染の確認が日を追うごとに増え、治療に使われるベッドはすべて使用中で、「患者全員に手が回っていない」という。

また、亡くなった人を伝える地元の新聞のお悔《く》やみ欄には、１ページあたり20人の写真や名前が掲載されたページが10ページにもわたって続き、「死亡した人の数は、昨年の同じ時期に比べて15倍となった」と伝えている（NHKニュース3月20日付 電子版）。遺体に別れのキスをして、そこからまた感染拡大したという現地報道もあった。

町では葬儀も間に合っていないということで、父を亡くした女性は取材に対し「埋葬まで2～3週間待たなくてはいけない。依頼した葬儀社は今日だけで63人分の遺体を棺《ひつぎ》に納めたそうだ」と話していた。おそらく、こうした遺体から感染したのだろう。この町では、6人の司祭が新型コロナウイルスの感染で亡くなっている。これはイタリア全土でも同様であり、死者を送り出す相当数の司祭が、自ら送られる側になったのは、不憫《ふびん》としか言いようがない。

日本と違うイタリアの特殊事情

イタリアで感染爆発した理由の一つに、日本とは違う生活習慣があることを、この際に押さえておきたい。

読者もよくご存じかと思うが、イタリア人というのは、あいさつでしっかりハグして頰ずりしたり、頰にキスをしたりする。とにかく、人と人の距離が近いのである。知人の元新聞記者で、現在イタリア料理店をしているイタリア人男性によると、イタリアにいるときはマスクなんかしたことないし、帰宅したときもマメに手を洗う習慣はなかったという。よく3世代家族や隣近所が集まってランチをするし、高齢者が元気で、立ち飲み居酒屋のバールで口角泡を飛ばしては、日がな一日、わいわいやっている光景は、日本のテレビ番組や、実際に旅行した際に見た人もいるだろう。

コロナの犠牲者の多くが80歳前後で、さらにその多くが心疾患や糖尿病などの持病を抱えていたことが、悲劇につながったようだ。感染爆発の起きた北西部ロンバルディア州は、人口1千万を超えるイタリア最大の州で、65歳以上の高齢者は200万人を超える。一方、貧困層の多い南部で感染者が増えれば、「医療制度が追いつかない」(コンテ首相)事態となる。

こうした危機の背景にあるのは、財政健全化に向けて行われた医療費削減政策だ。仏紙「レ・ゼコー」によると、イタリアでは過去5年間に約760の医療機関が閉鎖された。このため、医師5万6千人、看護師5万人が不足している。政府は引退した医療関係者の復帰や軍事施設の活用など、対応を急いでいるという(AFP時事2020年3月8日付)。

中国に依存したポピュリズム政党の末路

2020年3月10日、移動制限の北イタリアから全土への拡大を宣言したコンテ首相は、「私たちにはもう、時間がない」と切羽詰まった表情で国民に語りかけた。

このようなイタリアの惨状について、すべての責任をコンテ首相に押し付けるのは無理があろうというものだが、中国への過度の政治的、経済的依存を招いた責任は免《まぬが》れまい。

イタリアでは、２０１８年3月4日の総選挙で左派ポピュリズム（大衆迎合）政党の「五つ星運動」が大勝し、右派ポピュリズム政党の「同盟」と連立し、政党に属さない法学者のコンテ氏が首相に就任した。政治経験は、ほぼゼロだ。

その後、副首相に起用した「五つ星運動」のディマイオ党首と、「同盟」のサルビーニ副首相の主導権争いが激化し、同盟が連立政権を離脱した後の同年9月、五つ星運動と中道左派「民主党」の連立合意に基づく第2次コンテ内閣が発足するまで、混迷した。

伊コンテ首相（左）と米トランプ大統領（右）

そもそも、連立政権の中核である政党名が中国国旗を想起させる「五つ星運動」というのだから、中国共産党の別動隊かと誤解しそうになったが、実は誤解ではなく、実働部隊だった。一帯一路への参加は、その証左だ。

この五つ星運動を語るとき、脳裏を離れないのが、日本のポピュリズム政党の存在だ。中国におもねって、米国抜きの東アジア共同体構想をぶち上げたり、沖縄・普天間飛行場の辺野古移設を「最低でも県外」などと口走った、鳩山由紀夫元首相率いる旧民主党であるが、それはまた、別の機会に触れたい。

結局、五つ星党首のディマイオ氏も、政治経験の未熟さを露呈し、政権内だけではなく党内でも求心力が低下し、20年1月に辞任した。ディマイオ氏は、中国とイタリアが覚書を交わす前後の数カ月の間に2度も訪中し、一帯一路への参加準備を主導した。このディマイオ氏を支えるのが、イタリア経済発展省に設置された中国担当タスクフォース責任者、ジェラーチ経済発展省次官である。10年にわたる中国暮らしで中国語も堪能だ。

経済学教授でもあったジェラーチ氏は、中国からの帰国後、「イタリアは旧態依然であり、中国に追いつく必要がある」というのが持論だった（ロイター通信）。

米ポンペオ国務長官（左）と伊ディマイオ副首相（右）

日本外務省で中国語を専門とするチャイナスクールを見るまでもなく、彼も、至れり尽くせりの中国共産党風「おもてなし」に、どっぷり浸かっていたことは想像に難くない。

筆者が外務省を担当していた1990年代半ば、外務省アジア局所属の某幹部に取材するため部屋を訪れると、数百万円はすると思われる巨大な壺や、見るからに立派な水墨画の掛け軸が、これ見よがしに飾ってあった。聞けば、中国大使館からいただいたと、隠そうともせずに喜々として教えてくれたものだ。村山富市首相の秘書官まで務めた方で、決して悪気はなかったのだろうが、だからこそタチが悪いとも言える。戦後50年の村山談話を、同じチャイナスクール出身で駐中国大使を務めた谷野作太郎外務審議室長（当時）とともに作成した、罪深い方である。筆者は戦後60年のとき、談話の作成経緯について、谷野氏にインタビューしている。

さて、実際どれだけチャイナマネーの毒が回っているのかは知らないが、イタリアが中国に傾斜する理由が、ちゃんとあったのである。つまり、手引きする人間が政権中枢にいたのだ。さきのジェラーチ氏は「同盟」の党員だが、同党への根回しはなく、党首のサルビーニ副首相にすら、「イタリアが中国の植民地にされてしまう」と言わしめている。

２０１８年の、イタリアの中国向け輸出額は１３１億ユーロ（約1兆６千億円）で、４年前より25％も増加するなど、イタリアにとって、中国はアジア最大の輸出先となっている。彼らの狙いは、１７７億ユーロにのぼる対中貿易赤字の縮小だ。

こうした政局の混乱と、中国の巨大経済圏構想「一帯一路」への参加が、中国武漢コロナウイルス感染をいたずらに拡大させたと言えるだろう。Ｇ７メンバーで、ＥＵの中核的国家であるイタリアを切り崩すことに成功した、中国外交の大勝利である。あるいは、Ｇ７の落ちこぼれが、一帯一路の優等生に生まれ変わった瞬間でもある。

中国はイタリアを、インド洋、中東を経て欧州まで続く「海のシルクロード」の終着点と位置づけて、札束攻勢を仕掛けている。コンテ首相をはじめ、政府・与党、いや野党に至るまで、どれほどの「袖の下」があったかは不明だが、中国はイタリアでのインフラ整備や、エネルギー、科学など29という幅広い分野での協力をとりつけることに成功した。

伊炭化水素公社と中国国有・中国銀行との提携や、アゼルバイジャンでの製鉄所建設の協力など、計200億ユーロにのぼると見られる。中でも、イタリア北東部アドリア海に面したトリエステ港の機能強化に、巨額のチャイナマネーが投資されるというから要注意だ。トリエステだけではない。イタリアは、ジェノバ、シチリア島パレルモといった港湾も、差し出す用意満々という。

コンテ首相ら伊政府・与党首脳は、中国遠洋海運集団総公司（COSCO）がギリシャ最大の港湾を買収し、欧州、地中海での橋頭堡づくりに乗り出していることは、まったく眼中にないようだ。債務漬けで国を乗っ取られた途上国と同じ轍《てつ》を踏もうとしているのだから、イタリアという国は、おさき真っ暗だ。

ローマは2度死ぬのか。

さて、こうして中国への露骨なすり寄りを厭《いと》わないイタリアだが、地政学に関するイタリアの主要月刊誌「リメス（Limes）」のルチオ・キャラッチオーロ編集長は、「一帯一路は実質的に何の調整もなく、あまりに素人仕事だったのではないか。私が心配しているのは、結局イタリアがどちらの方面でも負けるのではないかということ。つまり、中国からは実質的に何も得られず、一方で、中国に近づきすぎたことで、米国からは報復を受けるということだ」と語っている。

素人仕事うんぬんという部分は、筆者と同じ見立てである。やや違うのは、中国からは実質的に何も得られないどころか、トリエステ港ほか、重要インフラを奪われてしまうということだ。

ここに、良い見本というか、悪い例がある。

オーストラリアだ。北東部ダーウィン港が中国に乗っ取られたのだ。中国人民解放軍出身の中国人富豪で、中国企業「嵐橋集団（ランドブリッジ）」代表の葉成氏が、99年間の約束で運営を手に入れた。イギリスが香港を租借したのと同じ99年間だ。中国は過去に自分たちがされた屈辱を、いま世界各地でやり返そうとしている。それが99という数字へのこだわりだ。この動きを手引きしたのは、アンドリュー・ロッブ元貿易相。国会議員を辞任したあと、88万豪ドル（約7480万円）の報酬で嵐橋集団の高級経済顧問に就《つ》き、国の機密保持に違反するとメディアから批判された人物だ。

このダーウィン港は、在沖縄のアメリカ海兵隊がローテーションで拠点とする重要な基地があるだけでなく、米軍や豪軍の艦船や潜水艦が頻繁に出入りする戦略上の要衝でもある。豪州議会には、とんだ国賊がいたものである（拙著『静かなる日本侵略』に詳述）。

イタリアを含め、一帯一路に署名した欧州各国の政治家も、多かれ少なかれ、国民の知らぬところでチャイナマネーに手を染め、私腹を肥やしているのではないだろうか。

中国だけを専門に研究対象とする欧州最大のシンクタンク「メルカトル中国研究センター（MERICS）」のルクレッツィア・ポゲッティ研究員は、ロイター通信の取材に対し、「欧州最大の対中輸出国であるドイツは、中国とＭＯＵ（覚書）を結んでいない。すでにＭＯＵを締結した国々も、見るべき成果を挙げていない。これらの国は、あいまいな表現で中国が約束した経済機会が、ほとんど実現していないことに苛立っている。地政学的な要素を計算に入れず、具体的な要求を行うことなく、一帯一路に参加し、いつかは何かしら経済的な見返りが得られるだろうと期待するのは、あまりにナイーブだ」と語っている。

イタリア以外で一帯一路の覚書に署名したEU加盟国は、ギリシャ、チェコ、スロバキア、ポーランド、ポルトガル、バルト三国など、計13カ国にのぼる。

ちなみに言うならば、日本政府も、２０１８年10月に安倍晋三首相が訪中した際に、相手国の財政の健全性、開放性、透明性、経済合理性——の４条件を満たすよう条件をつけつつも、実施的に一帯一路への協力を約束してしまっている。だから、イタリアなど中国と覚書を交わしてしまった国々を、何だかんだと言う資格はない。

中国警官がイタリア国内で、まさかの合同パトロール

拙著『静かなる日本侵略』で、イタリアにおける中国人の暴動を取り上げた。

ロンバルディア州の首都、ファッションの街ミラノ市で２００７年４月、駐車違反の切符を切られたことに腹を立てた中国人移民の女性が暴れ、これをきっかけに中国人が暴動を起こし、

イタリア人警官14人が負傷した事件だ。

また2016年6月には、イタリア中部トスカーナ州の首都フィレンツェ市で、市衛生当局と警察当局の工場への立ち入り調査に腹を立てた中国人移民300人が暴れるという事件も起きている。

それもあったのだろうか。なんと同じ年の5月、中国公安部の警官が、イタリアのカラビニエリ（軍警察）とともに、ローマとミラノ両市で、合同パトロールを始めていた。イタリア側としては、通訳がわりという軽いノリなのかもしれないが、翌月にフィレンツェで起きた中国人による暴動を見れば、イタリア治安当局の危機感も分からぬわけではない。しかし、どんな理由があるにせよ、イタリアの主権は一体どこに行ったのだと、首をかしげざるを得ない。これはもしかして、中国人移民が増加する一方の日本の近未来の姿ではなかろうかという不安が、筆者の脳裏をよぎった。

中国側も表向きは、増加する中国人観光客やイタリア在住中国人の保護が名目だ。だいたい、海外派兵するときは「自国民保護」を大義名分とするものであり、大変危険な理由づけである。清朝末期の1900年に中国・山東で起こった中国民衆による排外運動「義和団事件」において、イギリス、アメリカ、ロシア、フランス、ドイツ、オーストリア＝ハンガリー、イタリアら欧米7列強と日本が、同じく自国民保護を主な理由に出兵したことを想起する。

さて、さきほどの「中伊合同パトロール」は、2016年5月から19年まで、年1回計4度行われ、ローマ、ミラノの2都市に加え、フィレンツェ、ベネチア近郊のパドバの4都市に拡大していた。期間は2週間で、イタリアと中国ともに原則4人ずつ、中国公安は制服着用だが非武装であったという。相互主義ということなのだろう、イタリア人警官も北京と上海で同様の活動を行っている。だが、中国にとっては、植民地化の一歩をイタリア半島に刻んだことを思えば、痛くも痒《かゆ》くもないだろう。

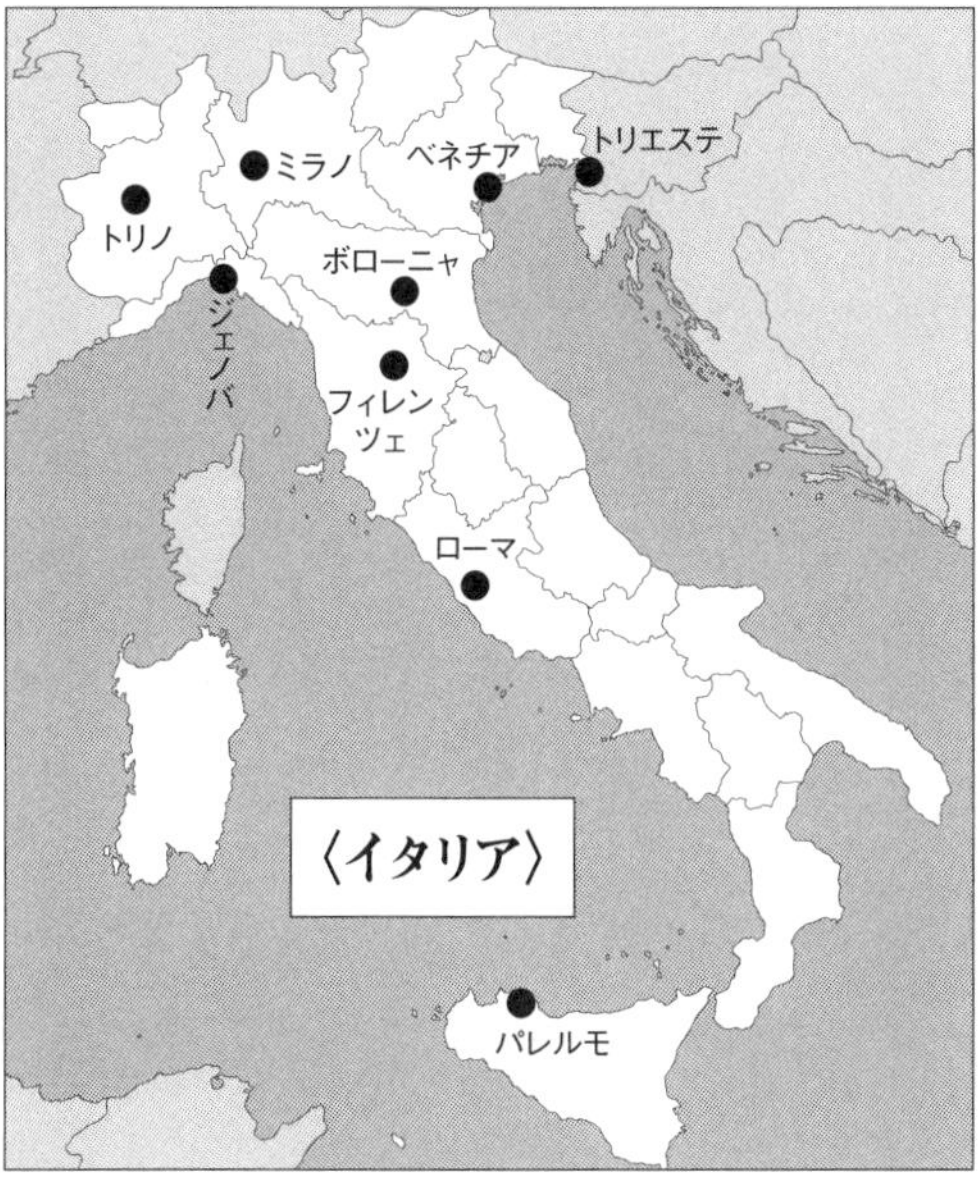

逆に、イタリア人の警官が北京や上海を歩いても、中国人だらけの街中にあっては、公職についている外国人が観光に来たのかという程度にしか見られないだろう。しかも、中国人警官がイタリアで法的権限を行使するようにイタリア人警官が中国で法的権限を行使することは、あり得ない。つまり、イタリアの失ったものは計り知れないということになる。コロナ禍もある。今年も実施するかどうかは不明だ。

実は、同じような合同パトロールが、強権的なブチッチ政権が支配するセルビアでも行われていることについては後述する。

なぜ、イタリア人は気づかないのだろうか。筆者が忠告したところで、イタリア人のだれも見向きもしないし、反論すらしないだろう。だが、目先の利益に目がくらむと、それこそ何も見えなくなってしまうという、イタリア政府の現下の危険性は、指摘しておきたい。

ベルルスコーニ元首相の腹心で、シチリア島出身のアンジェリーノ・アルファノ内相は当時、「(年間300万人にのぼる)中国人観光客が安心して滞在できるよう、イタリア人警官と中国人警官が行動を共にする。ローマとミラノ以外の都市にも広げていきたい」と語っている(英BBC2016年5月3日付 電子版)。

中国人移民による暴動の発生や治安の悪化を見ると、中国人観光客に安心してイタリア観光をしてもらうためというよりも、イタリア人警官が中国公安の警官に守られながら安心してパトロールできるようにするための、苦肉の策だったのではないかとすら思えてくる。

いくら政府、自民党、マスコミに媚中派が多いとはいえ、少なくとも今の日本では、絶対にあり得ない光景である。これはもう、主権放棄に等しい。イタリア当局の幹部が、大なり小なり高い確率でチャイナマネーに毒されているのではないかと勘繰りたくもなる。それだけ異常で危険なことなのだ。

こうして、静かに、着実に、中国武漢コロナウイルスへの赤絨毯は敷かれていったのである。ウイルス禍はローマに通ず。そして、被害者はイタリア国民である。イタリア政府は、事態が収拾した暁《あかつき》には、この辺の事情を検証する必要があるだろう。少なくとも、チャイナマネーの汚染が進んだオーストラリアの議会と情報機関、捜査当局は、そうした膿を出す作業に、遅まきながらも着手しているのだ。

このように、日本人も驚くほどのお人好しぶりを発揮しているイタリアを尻目に、中国国営通信「新華社」（2019年11月6日付 電子版）は、イタリア警察幹部の話として、「中伊合同パトロールは、お互いの文化と職業を知る良い機会だ」というコメントを、嬉しそうに伝えている。

中国武漢コロナウイルスで亡くなった方々は、本当に気の毒だと思う。しかし、あえてこの場で言っておきたいのは、今回の一件のように、中国と必要以上に接近することがいかに国家を危うくさせるのか、ということである。

もちろん筆者は、中伊両国の警官が合同パトロールをしたからウイルスがイタリアに流入したと言っているわけではない。しかし、主権すら危うくするような歪んだ2国間関係は、歪んだ結果しかもたらさないと言っているのである。それを、今回はたまたま、中国武漢コロナウイルスが教えてくれたのである。イタリア政府、国民、いや、日本人も、こうした事実に気づくことを願うばかりである。

伝統的なコミュニケーションとして、人と人が近いイタリア社会。食文化を通じて人と獣《けもの》が近い中国。パンデミックは、イタリアで起こるべくして起こったようにしか思えない。

どこまでも「したたか」に生きる中国人

もう一つ、前著『日本が消える日』で取り上げた中国人に関する考察が、あまりに今のイタリアに当てはまるので、それを指摘しておきたい。それが時代と国境を越えて普遍的なものであることを、イタリアに生きる中国人が教えてくれているのだ。

ベネチア商人にして冒険家のマルコ・ポーロが現代に生きていたら、イタリアは今日《こんにち》のような惨状にはならなかったろう。コンテ政権は、彼が書いた『東方見聞録』を読んでいなければすぐに読み、読んだことがあるのなら、もう一度手にとることをお勧めしたい。

中国人の底知れぬ生命力――。日本でも、首都圏にあるチャイナ団地で少数派となった日本人は実感しているであろう。そして、チャイナ団地以外に住む日本人が多かれ少なかれ、近未来に遭遇する、見たこともない爆発的な民族的エネルギーでもあるのだ。

前著で取り上げた中国人に関する考察とは、戦後GHQ（連合国軍最高司令官総司令部）によって焚書された、元陸軍大尉・長野朗《あきら》の著書『民族戦』（柴山教育出版社）である。GHQにとって、不都合な真実があったのであろう。著者の長野は、中国大陸の農村部をくまなく歩いて情報収集し、その社会や民族性を分析した。

詳しい内容は前著に譲るが、要点を改めて紹介させていただきたい。

長野は、支那人〔筆者注：当時の呼称のまま〕について、「国家には頓着なく、支那民族が発展していくのである。その統治者の如何《いかん》は問うところではない。血縁相牽《ひ》き、同郷相求め、村をなし郷をなし町をなす。その統治者の如何は問うところではない。したがって支那民族の発展は極めて平和的であるが、それだけ極めて深刻である。ひとたび支那人に入り込まれると、その影響は深刻だ。アメリカ人の如《ごと》く資本侵略でもなく、ロシア人の如く征服略奪でもない。土着的である。その土地に土着して農を営み、商工を営む。彼らには武力の背景も国家の背景も必要ない。丸く巻いた布団を担ぎ、徒手空拳にして、如何《いか》なる気候も厭わない」と記した（前掲書より要約）。

ここからが長野の長野らしい、ずば抜けた観察眼を思わせる分析である。

「支那人は生きることが最上であり、生きるためには手段を選ばない。生活が困難なら土匪《どひ》〔賊〕が増え、乞食《こじき》が増える。いっとき強盗になったり、ルンペンになったりと、横道に入ることを大して悪いことと思わず、世間もそれを咎《とが》めだてしない。勇敢な者は匪賊になり、おとなしい人は乞食になる。生活が安定すれば元の職業に戻り、何事もなかったかのように、すましている。彼らはいかなる苦境にあっても、決して悲観しない。極めて楽観的である」

自分で書いていて、何だか自分に言い聞かせている気分になってくるほど、支那人の生き方は「あっぱれ」ではないか。生きるためには恥も外聞もない。「どさんぴん侍」なんていう蔑称なんて何のその、「武士は食わねど高楊枝」といった、武家社会における日本人の生きざまなどは、彼らには、まったくもって理解できぬ所業であろう。日本人もまた、彼らの生きざまは理解できないだろうし、真似《まね》したいとも思わないのではなかろうか。

次に、現在のイタリアに関する考察を紹介したい。さきの長野の指摘が、現代に甦《よみがえ》ったかのごとくである。

愛知県立大学・外国語学部の樋泉《ひいずみ》克夫教授は、筆者の取材に対し、こう語った。

樋泉氏は、中国武漢コロナウィルスに襲われたイタリアは、「移動」という中国人の民族的な性質に巻き込まれたと見る。地理的にはイタリアよりもっと中国に近い日本は、他人ごとではない。明日はわが身という思いで、樋泉氏の言葉に耳を傾けたいと思う。

樋泉氏は7～8年前、香港の書店で『不死身の中国人　―彼らは働いて、金を稼いで、イタリアを変えている』という本を買ったという。イタリア人記者がイタリア全土を歩き倒して書いた本の中国語訳であり、イタリア社会で生きる中国人の姿を克明に綴った本なのだそうだ。そこには、中国人のイタリア社会への、たくましく、すさまじいばかりの浸透ぶりが、あふれんばかりに綴られていたのだという。

新潮社のウェブ雑誌「フォーサイト」にも、樋泉氏は同じ内容の論考を寄稿している。この雑誌には筆者も以前、政局の裏舞台を書かせていただいたことがある。だからというわけではないが、記事の中身が濃いから、読むところが多く、重宝している。

今回のケースで言えば、例えば、現在のイタリアは、中国人がいなければ稲作が成り立たないのだという。西北部の穀倉地帯、ピエモンテで稲の病気が流行《はや》った際、手作業で除草しなければならないところ、イタリア人だけではは人手不足であったが、気づけば中国人が大量にやってきて、熱心に単調な草むしりをやってくれたのだという。彼らを雇用したイタリア人農場主は、「中国人は疲れを知らない。気が狂っている」とまで言ったそうだ。

ここで、わが意を得たりというのが、「イタリアにおける中国人の首都はミラノにあり」という樋泉氏の見立てである。

ミラノでは、さきの農業に次いで、大理石の石工、ゴミ処理工場の労働者、皮革・衣料職人、酒場、レストラン、床屋、中国産品の雑貨商などで、中国人に依存するようになった。そこで中国人は、ミラノを「イタリアにおける中国人の首都」として、ありとあらゆる産業に食い込んでいったという。その多くが、上海の南に隣接した杭州市を抱える浙江省や、台湾海峡に面した福建省の出身であり、非合法でイタリア入りしている者も多いという。教育程度は、他国からの移民に比較して低く、それゆえイタリア社会に同化しがたいのだという。

そこまで言って大丈夫かなと筆者などは心配してしまうが、「倹約という美徳は備えているが、博打《ばくち》や脱税、密輸、黒社会との繋がりばかりが目立つ」のだそうだ。どれもこれも、胸を張って誇れるビジネスではなく、文化程度の低さは勢い、生きるためには手段を選ばないということに繋がる。これが、イタリアで増加の一途をたどる中国人の実態なのだそうだ。

さきに、アジア系を差別したローマの音楽院を取り上げたが、これでは嫌われるのも当然だ。なぜなら、イタリア人はこれら中国人を通して中国を知り、アジアを知るからである。

樋泉氏は、中国人の性質は「移動」にあり、それを無視しては今回のウイルス禍は語れないと述べている。その移動について伺った。

１９７５年の時点で、イタリアでは４００人程度の中国系住民（旧華僑世代）が報告されているが、鄧小平の改革開放を機に、１９９０年には約2万人に急増している。特に１９８６年から87年の1年間に見られた、中伊条約による中国資本のイタリア進出が背景にあり、これを機に、人民元とヒトが大量にイタリアに流入を始めたのだという。

こうした新華僑は、同郷、同姓、同業などの関係をテコにして、「会館」と呼ばれる相互扶助組織を形成し、強固な団結力を基盤に、イタリア国内における生活空間を拡大していった。２０１０年ごろ、ローマの商業地区「エスクィリーノ地区」には、衣料品、靴、皮革製品などを中心に、2千軒を超える店舗があったが、その半数を中国人業者が占めていたという。現在、その数字がさらに増えていることは、想像に難くない。

彼らが扱う商品の発送元は、浙江省・温州市なのだという。「メイド・イン・イタリー・バイ・チャイニーズ」というわけだ。

温州は、古くから日用雑貨の一大拠点で、皮革加工業が盛んだが、手先が器用なことから、偽物づくりのメッカでもある。２０１８年3月22日に温州で行われた桜祭りには、ビニールでできた精巧な花びらをつけた桜を展示して、来場者から大きな批判を浴びている（中国関連の情報サイト「レコードチャイナ」２０１８年3月22日付 電子版）。

温州の偽物づくりの上手《うま》さを利用し、温州から発送させるのではなく、温州人をイタリアに移住させ、そこで「メイド・イン・イタリー」をつくらせた方が、輸送コストもかからず手っ取り早い。というわけで、中国とイタリアで日常的にヒト、モノが往来していただけではなく、ヒト、モノが、そっくりそのままイタリアに移住、移転してきたのである。

そこで樋泉氏が言うには、「イタリア人はオリーブやトマトといった健康的な食生活によって、肥満の多い欧州先進国においては珍しく長寿で高齢者が多い。さらに、周辺先進国に比べて核家族化が進んでおらず、3世代同居も珍しくない。特に高齢者には敬虔なカトリック信者が多く、協会でお椀を共有してワインを飲む習慣がある。だから、中国人の移動という極めて今日的要因が、イタリアの社会的・文化的伝統という宿主を得たことで、コロナウイルスの感染被害の拡大に繋がったとも考えられる」のだそうだ。

樋泉氏が入手した「海外僑情観察2014−2015」（暨南大学出版社2015年）によると、イタリアにおける中国人の人口は、全人口の0・49％で、30万4768人（2013年1月1日現在）。これに、非合法入国者を加えると、40万人近くになる。

以下は7年前の数字だが、中国系企業が集中しているのは、州都ミラノのあるロンバルディア州（1400社）、フィレンツェのある中部トスカーナ州（1万1800社）、ベネチアのある東北部ベネト州（8000社）、北部から中部に広がる、ボローニャのあるエミリア・ロマーニャ州（6800社）である。他に、アパレルや製靴関係が1万8200社、レストラン、バー、ホテルなどが1万3700社となっている。

アパレル産業の中心である中部トスカーナ州の州都フィレンツェ近郊のプラートは、人口20万人のうち、3万4千人を中国人が占めているという。7人に1人だから、一大勢力である。有名ブランドの下請けから始まり、伝統的な家内工業的システムを駆逐し、新たなビジネスモデルを構築している。

イタリアのミラノといえば、プロサッカーリーグ「セリエA」所属の名門「ACミラン」がある。2014～15年シーズンの終了後には、オーナーだったベルルスコーニ元首相が、中国企業アリババのジャック・マー氏と組んだタイの青年実業家にチームを売却することで合意している。彼の国籍はタイだが、華人2世である。

中国人の特性である「移動」が運ぶウイルス禍。2018年現在で、263万7千人いる在留外国人のうち、中国人が74万人を占める日本は、だからこそイタリア以上に、彼らの「移動」と移住に気を配らねばならないのである。

中国の植民地と化した中東欧諸国の惨状

それでは、「債務の罠《わな》」として悪名が広まっている中国の巨大経済圏構想「一帯一路」への参加国は、なぜ増えているのだろうか。

静かなる侵略、目に見えぬ侵略に気づかない、あるいは気づいていても、政権維持のためにむしろ率先して私利私欲に走る、強権的な為政者の意向と合致しているからである。

イタリアの例はすでに見てきたが、今や中東欧諸国も中国の草刈り場となっている。自由や民主主義といった基本的な価値観を共有する、いわゆる西側諸国から見ると、いかにも金で釣られた主体性のない国家に見えるかもしれないが、その見方こそ、実は一面的に過ぎるのかもしれない。

なぜなら、権威主義的な国家だったり、そうした統治形態を目指す為政者にとって、中国流の監視社会の徹底こそが、彼らの求める社会の形かもしれないからである。民主主義が未発達で独裁政権を志向するアフリカ諸国が、軒並み一帯一路の罠に自らはまっていく姿が、何よりも雄弁にそれを物語っている。

昨年2019年4月時点で、一帯一路の覚書に署名した欧州諸国は14カ国にのぼる。エストニア、ラトビア、リトアニアのバルト3国のほか、ポーランド、チェコ、スロバキア、ハンガリー、スロベニア、クロアチア、ブルガリア、ギリシャ、マルタ、ポルトガル、イタリアだ。さらに世界を見渡せば、2015年時点で60カ国だったものが、昨年2019年4月時点では123カ国にまで増えている。

これは、中国の文化・教育機関の顔をした「孔子学院」の進出と歩調を合わせる動きだ。孔子学院は、中国中央電視台（CCTV）とともに、中国共産党の主張を世界に広める宣伝機関

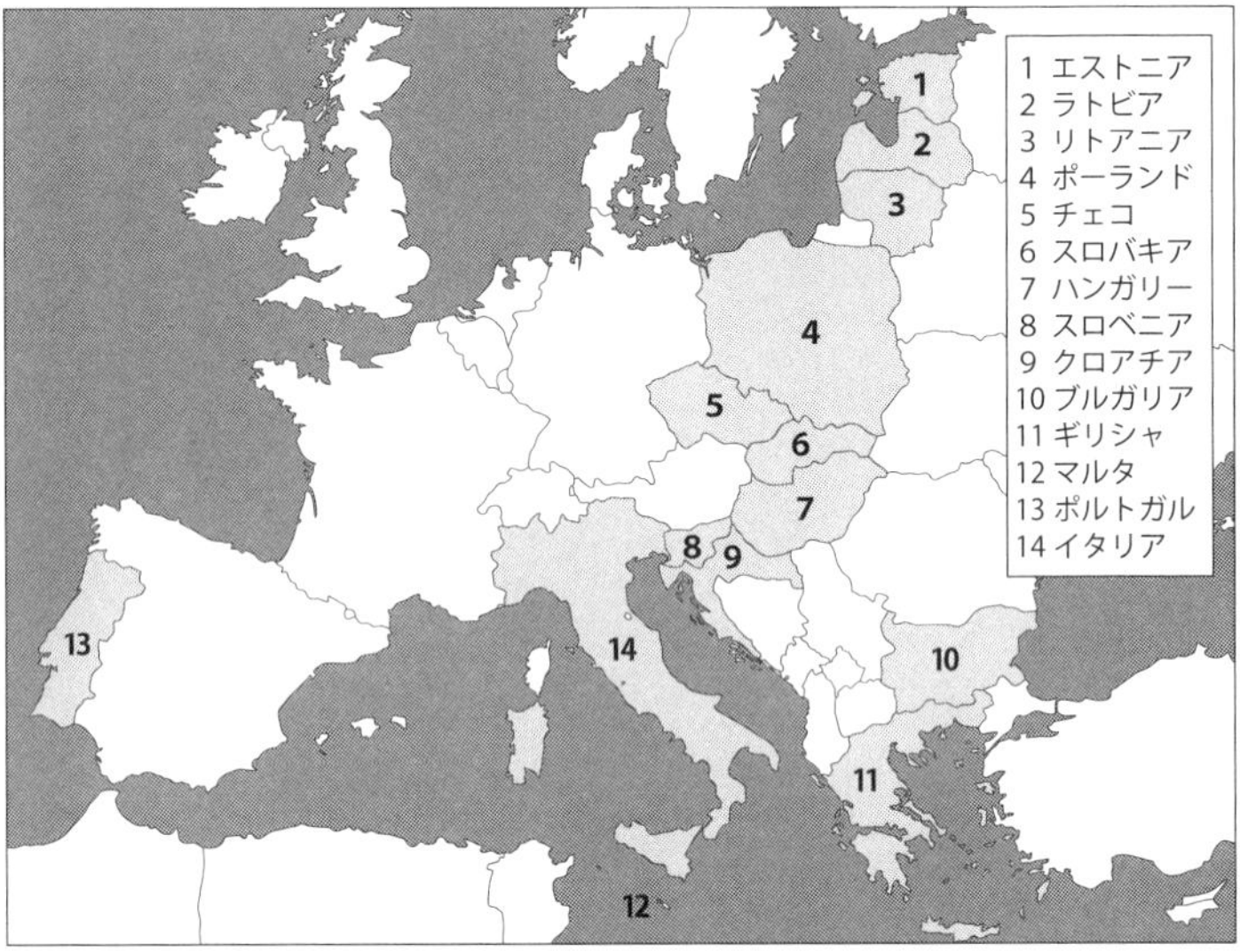

一帯一路の覚書に署名した欧州の14カ国

であり、車の両輪である。中国通信機器製造大手の華為技術（ファーウェイ）や中興通訊（ＺＴＥ）と組んで、その技術と資材を無償や格安で提供する代わりに、進出先の大学など高等教育機関に、付属機関として「寄生」するのである。米国では連邦捜査局（ＦＢＩ）の捜査対象であり、米国、カナダ、オーストラリアでは閉鎖が相次いでいる。この孔子学院については、拙著『静かなる日本侵略』や『日本が消える日』をご覧いただきたい。

　さて、マルコ・ポーロの『東方見聞録』を持ち出すまでもないが、中国と欧州の間には、かつてシルクロード（絹の道）が存在し、活発な交易が行われてきた。中国政府は一帯一路を現代のシルクロードなどと呼び、欧州諸国首脳のＤＮＡに眠るノスタルジーに訴えかけて接近を図っているが、これこそが最大の罠なのである。かつてモンゴル帝国は、東は朝鮮半島、西はモスクワを飲み込んでポーランドに迫ったが、ある意味、現代の中国共産党帝国は、その版図をも超えて、質的にも中東欧諸国の植民地化に成功したとは言えまいか。

中国は2017年からの5年間で、約1500億ドル（約16兆1千億円）を、一帯一路周辺に投資すると表明している。欧州と中国を結ぶ途上にある中央アジアや中東欧は、もともと道路や鉄道、通信網といったインフラが整備されておらず、中国の投資による政権基盤の安定化と国富の増大は、為政者にとって垂涎の計画なのである。特に、カザフスタンやトルクメニスタン、セルビアといった、独裁的な国家や権威主義を志向する国家にとっては、監視カメラの導入、盗聴、防諜通信システムの導入は、喉から手が出るほど欲しいシステムなのだ。

すでに債務の罠に陥って、港湾など重要インフラを借金のカタにとられたケースを並べたてて、一帯一路を非難するのは簡単だ。だが、本当に気を付けなければならないのは、喜んで中国式統治システムの導入を図ろうとした国々の存在である。

さらに、権威主義で国民を徹底した監視下におく中国式統治システムを志向しないまでも、チャイナマネーに目がくらんで一帯一路に参加したあげく、地域の平和と安定に脅威を与えている国々の存在だ。例えば、スリランカ。首都コロンボ周辺の港湾は中国に押さえられ、南西約1800キロのインド洋にあるディエゴガルシア島には米軍基地がある。これら港湾が中国によって軍港化されることで、米国を中心としたインド洋の安全保障体制が崩れかねない状況となっているのである。

では日本政府はどうかと言えば、さきにも述べたように、言明こそしていないものの、条件付で一帯一路への協力姿勢は示しているから、困ったものだ。

安倍晋三首相は2019年3月25日の参院予算委員会で、「インフラの開放性、透明性、経済性、融資対象国の財政健全性など4つの条件を採り入れているのであれば、協力していく。全面的に賛成ということではなく、4つの条件などをやっていくことで、お互いより良い地域をつくっていこうということだ」と語っている。

普通に聞けば、「一帯一路には協力しない」となろう。そこには、開放性もなければ、透明性もない。融資を受ける対象国は、そもそも財政が不健全であるから、闇金よろしくチャイナマネーに手を出すのである。その意味で、安倍首相も、なかなかうまい物の言い方をするものだと聞いていたが、できればもっとはっきりと協力しない考えを表明できなかったのか、そこには疑問が残る。

中国は、この一帯一路を推し進めるために、アジアインフラ投資銀行（ＡＩＩＢ）をつくったのだが、日本はアジア開発銀行（ＡＤＢ）を理由に、堂々と非協力を宣言する手もあったからだ。中国が日本への参加、あるいは協力を求めるのは、日本が仮に参加すれば、つまり日本の拠出した資金がＡＩＩＢの口座に入れれば、良く言えば日本の信用を利用でき、悪く言えばジャパン・ロンダリングで、悪意を秘めた融資の意図を、もみ消すことが可能となるからだ。

欧州分断を狙う中国に立ち向かうチェコに学べ

中東欧諸国が一帯一路を通して「中国共産党帝国」の植民地化に邁進する中、欧州随一と言ってよいほど、反中姿勢を貫くチェコの現状を見ておこう。

中東欧諸国にとっては、自分の国がどこに向かって進むべきか、今後の道しるべになるはずだし、それはまた日本にとっても、中国に異様なまでに接近する中東欧諸国と、どう間合いを取れば良いのかの参考になると思われるからだ。

チェコの首都プラハ市のズデニェク・フジブ市長は、2020年1月12日付の独紙に寄せた論評で、中国を「信頼できないパートナー」だと非難し、台湾の台北市と姉妹都市関係を結ぶ方針を明らかにした。名誉職に過ぎないが、その職域を超えてパンダに抱きつこうとするポピュリスト政治家、ミロシュ・ゼマン大統領が、対中関係の親密化を目指して活動しているにもかかわらずだ。カリブ海諸国や南洋諸島など、台湾と断交して中国と国交を樹立しようという国々が相次ぐ中、なかなかできない芸当である。

AFP通信などによると、「海賊党」に所属するフジブ市長は、ドイツ週刊紙への寄稿で、中国は「怨恨に満ちており、チェコの世論に影響を及ぼそうとしている」と述べた。18年11月に就任したフジブ市長は、16年に結んだ北京市との姉妹都市関係を19年10月に解消した。「一つの中国」を強要する中国政府の方針に反対だからだ。フジブ市長は、チェコ政府に「チベットと台湾の独立に反対する」ことを強いる合意には署名できないと述べ、代わりに台北市と姉妹都市関係を締結する方針を表明し、「北京というパートナー都市の一つを失ったが、別の一つを得ることになった」と語っている。

まだ30代後半の若さでありながら、巨龍相手に大した立ち回り方である。日本の永田町で無駄メシを喰らう与野党の議員に、フジブ市長の爪の垢を煎じて飲ませたいものだ。

フジブ市長は、欧州諸国に対しても、「危険で信頼できないパートナーと同盟を結ぶことについて、真剣に考えてほしい。脅威や脅迫を前にして自らの価値観や誠実さを放棄しないよう、みなに求める」と訴えた。

そのチェコだが、今回は新型コロナウイルス禍に巻き込まれ、マスク不足で足元を見られ、中国の影響力拡大に苦しめられた。

3月下旬、中国からマスクや医療機器などを大量に運んだ航空機が到着すると、バビシュ首相らが総出で空港まで出迎えた。ゼマン大統領に至っては、「われわれを助けてくれたのは中国だけだった」と最大限の賛辞を送っている。フジブ市長のような硬骨漢もいれば、バビシュ首相やゼマン大統領のような中国の茶坊主がいるのも、現在のチェコなのだ。

中国が北京市とプラハ市の姉妹都市関係を解消され、台北市に寝取られてもなぜ、チェコに近づくのかというと、それは、チェコの市場がおいしいからではない。首相と大統領はそこに気づいていないようである。中国はチェコが経済的に豊かになろうが、なるまいが、まったくといってよいほど関心がないということに、なぜ気づかないのか。自分や、自分の身内だけが潤えば良いとばかり、袖の下でももらっているのではないかと勘ぐってしまう。

新型コロナウイルスによる感染爆発（パンデミック）を利用して国際社会で善人ぶって影響力の拡大を図る中国は、すでに軍門に下ったイタリアのように、ＥＵ諸国、とりわけ財政に苦しむ中東欧諸国の支持を得ることによって、西側に代表される民主主義国家の分断を狙っているのである。

プラハのフジブ市長（左）と台湾の呉外交部長（右）＝2019.4.1

4月に流出したチェコ外務省の報告書によれば、中国がチェコなどに接近する思惑は、中国が主導する「17プラス１」イニシアチブを足場にしたものであるという。この、ギリシャやバルカン諸国を含む中東欧諸国との首脳会議「17プラス１」を利用し、西側諸国と中東欧諸国を分断し、国際機関を不安定化させることにあるという（ニューズウィーク日本版２０２０年5月22日付 電子版）。

結局、２００５年から19年にかけて、中国がチェコに投資した額は9億6千億ドル（約1千億円）で、同じ時期にハンガリーに投じた48億4千万ドルと比べ、わずかな額にとどまった。中国はチェコの発展に興味がないと指摘したのを裏づける数字である。

だが、油断は禁物だ。姉妹都市を解消されたからといって、あきらめるような中国共産党政権ではないのである。それが、５Gの売り込みだ。

チェコ政府は、19年に華為技術（ファーウェイ）がチェコの５Gインフラ構築に参加することを阻止した。しかし、強権的なハンガリー政権や、財政破綻国家ギリシャ、これまた強権的なセルビア政府は、こぞって中国からの投資を受け入れている。そして、中国による南シナ海での軍事基地化を支持し、人権弾圧に反対するEU諸国にも反旗を翻《ひるがえ》してきた。

特にセルビアは19年3月、首都ベオグラードで、アレクサンダル・ブチッチ大統領の強権体質とメディア介入に抗議する大規模なデモが行われ、数千人が大統領府を取り囲むほど、国民の反発は根強い。セルビアは25年のEU加盟を目指しているが、欧州委員会は、セルビアには報道の自由がなく、ジャーナリストへの脅迫や暴力が頻発していると批判しているほどで、なるほど中国と気脈を通じている。さらに、イタリア同様、中国警官と合同パトロールを実施する従属国家ぶりだ。

これには、第一次世界大戦の引き金となったサラエヴォ事件を起こしたボスニア系セルビア人の英雄、ガヴリロ・プリンツィプも草場の陰で泣いていよう。当時20歳だったプリンツィプは、現在のボスニア・ヘルツェゴヴィナ共和国の首都サラエヴォで、オーストリア＝ハンガリー帝国の皇太子、フランツ・フェルディナントを１９１４年6月28日に暗殺している。

伊藤博文を暗殺した安重根が韓国で英雄視されているように、プリンツィプもセルビア人の英雄だ。現代なら、テニスのノバク・ジョコビッチが有名どころだ。そんなセルビアが、今まさに、中国の版図にしっかりと組み込まれてしまったのである。

さらには、ハンガリーも然《しか》り。第一次世界大戦では、セルビアに宣戦布告した間柄だが、現代では枕を並べて中国の軍門に下っている。軍門に下ったというより、専制政治を行うために、好んで中国に近づいて行ったのである。

冷戦時代は、東西陣営の間にあった「鉄のカーテン」の消滅に決定的な役割を果たし、西欧に接近したハンガリーだが、現在は強権的なオルバン首相のもと、移民や難民に厳しい政策を打ち出し、EUと対立を深めている。

2015年に中東・北アフリカから欧州に難民が殺到した際には、オルバン政権は難民の通過ルートにあたるセルビア、クロアチアとの国境に、オーストリアとの国境から撤去したような、高圧電流が流れる鉄条網つきのフェンスを建設し、EU各国の批判を浴びている。

欧州諸国の分断を狙う中国にとって、これほど美味《おい》しい国際環境は、またとあるまい。5Gをテコに、自分に反旗を翻したチェコに再接近したがる理由は、ここにある。結局、チェコ政府は2020年5月、5G網の建設で米国との協力を宣言して、中国の狙いは外れたのだが、まだまだ油断は禁物だ。欧州諸国の分断を狙う中国の魔の手は、日本に対しても例外ではないのである。

第二章　グローバル時代の危機管理

あきれた不倫カップルとダイヤモンド・プリンセス号

海外出張でしばらく家に帰らないと言って出かけた旦那が、実は懇《ねんご》ろの女性と乗船して快楽をむさぼったあげく、新型ウイルスに感染して隔離されてしまった。似たようなケースが、厚生労働省を通じて、首相官邸の対策本部に何件も報告された。旧知の政府関係者がそう、筆者に耳打ちしてくれた。

大型クルーズ船「ダイヤモンド・プリンセス号（以下、DP号）」のことである。新型コロナウイルスという目に見えぬ侵略者が、その輪郭をくっきりと浮かび上がらせながらやってきたわけだ。

なぜ、こんなどうでも良さそうな個人事情について、わざわざ首相官邸に報告が上がってきたかというと、この不倫カップル、とりわけ男の方が、感染している、あるいは感染が疑われるにもかかわらず、「隔離なんて冗談じゃない。早く俺を船から降ろせ！」と、暴れんばかりのことを言ってきかないからだという。予定通りに帰宅しなければ、船で女と遊んでいたことが女房にバレるからである。

ダイヤモンド・プリンセス号

そんなわがままに付き合っていたら、感染しなくてよい人まで感染し、場合によっては命を落とすことになりかねない。このような人間のわがままを許すことは、テロリストを野に放つようなものだ、と言ったら言い過ぎだろうか。だが、こういう人間が公共の交通機関を利用して移動し、例えば、あなたの大切な家族が感染し、犠牲になった場合を考えてみれば、自己中心的な乗客の言い分が、いかに理不尽かが分かるはずだ。

話はDP号からそれるが、似たように他人の迷惑を考えない自分勝手な馬鹿者の存在を、もう一つ指摘しておきたい。4月末から始まった大型連休中に、自らの感染を知りながら、ゴルフなどの遊びのために、東京と山梨県を公共バスを利用して移動した、20代の女性会社員だ。彼女は、帰省先の山梨県で新型コロナウイルス感染が確認されたにもかかわらず、高速バスで帰京したのである。

女性は、その後に感染が確認された20代の知人男性と連日会っていたという。山梨県は、彼女の親族4人、友人7人の計11人を濃厚接触者と特定し、さきの知人男性以外の10人は陰性だったと明らかにしている。悪意はなくても、やっていることはテロリストと変わらない。自分が感染させられなくても、間違いなくそう思う。

その後、ネットではこの女性が特定され、誹謗《ひぼう》中傷されていると聞く。それは決して許されることではない。だが、女性の行動がそれによって許されるわけでもない。

イタリアなど欧州では緊急事態宣言下、外出しただけで罰則規定がある。日本の法制度上は、そうした罰則がないのが、もどかしい。

県によると、女性は知人男性と4月29日～5月1日の3日間、毎日会い、一緒に車に乗ったり買い物したりした。1日には、整骨院を受診した後にPCR検査を受け、友人2人とゴルフの練習をし、男性と会っていたという。

感染確認後の2日朝に帰京した理由について、県は「正確な情報が得られていない」としつつ、彼女が1日夜に帰ったと虚偽の説明をした理由についても、「県として言える状況にない」と口を濁した。

筆者も昨年、東京・新宿のバスターミナル「バスタ」から高速バスを利用して山梨県に行ったことがあり、バス内の密閉空間を想像するだけでも、ゾッとする。

クルーズ船は東京湾に浮かぶ「小さな武漢」

さて、DP号に話を戻す。あるテレビ番組で、解説者の木村太郎キャスターが「東京湾に浮かぶ武漢」と形容したのは、実に正鵠を射ているなと、テレビを見ていて、思わずひざを打った。だが、日本政府の初動対応は、多くの教訓を残した。

DP号には乗客・乗員約3700人が乗船し、長期間、船内に隔離された上に、700人におよぶ感染者を出す事態となった。その惨事はもはや、未知のウイルスを乗せた中国そのものが、都心の鼻先にある状態と言った方がよかろう。これを、日本の安全保障上の危機と言わずして何と言うのか。

筆者は、一昨年の2018年、鹿児島県・奄美大島を揺るがした大型クルーズ船寄港問題を、現地に行って取材したことがある。中国人ら乗員・乗客6千人近くを乗せた大型クルーズ船を、わずか人口35人の集落に寄港させる危険性に警鐘を鳴らすためだ。

もちろん、大型クルーズ船による船旅は、心身をリフレッシュさせ、日ごろの疲れをとる、楽しい旅行となるに違いない。一方で、簡略化された入国チェックを悪用して日本に上陸し、行方をくらますなどの事案も絶えず、密入国の温床になっているという現実も、報告してきた(拙著『静かなる日本侵略』)。このような、密入国者や工作員、ウイルスまでも運んでくるのが、大型クルーズ船なのである。

さて、新型肺炎を指定感染症として定める政令を2月1日施行に前倒しした日本政府は、香港発で日本に入港予定のクルーズ船「ウエステルダム」に乗船している外国人の入国を拒否すると表明した。

この入国拒否は、入管難民法に基づく措置だ。クルーズ船の船内は濃厚接触になりやすく、異例の対応に踏み切ったわけだが、これは正しい措置だ。東アジア近海には、前述のダイヤモンド・プリンセス号やウエステルダム号をはじめ、受け入れ港のないクルーズ船がさまよっていた。お気の毒としか言いようがないが、国民を守るための措置であるから当然だ。ただ、できれば、ウエステルダム号に乗船していた日本人だけでも日本に上陸させることはできなかったのか、課題も残った。

乗客の命を守れない「船籍」制度の問題点

旧知の山田吉彦・東海大教授によると、海難事故に関しては、1912年のタイタニック号沈没事故をきっかけに国際法が整備されてきたが、船上の感染症に対処する詳細な規定はないそうだ。加えて、日本では外航船の危機に関する法律が未整備であり、責任の所在がはっきりしないのが大きな問題なのだという。

船にも、人間と同じように国籍があり、それを船籍と言い、その国の法律および制度による制約を受けるとともに、その国の保護下にある。公海上の外航船上における主権は、「旗国《きこく》」と言われる船籍が置かれた国が持ち、船内における法も、旗国の法律が適用される。また、他国の領海内では沿岸国の法に従うことになるが、船および乗員の管理などの一義的な責任は、旗国が負うことになる。

これが、「便宜置籍船《べんぎちせきせん》制度」である。これは、税制や船舶管理の制度上、有利となる国に船籍を置いて旗国とするものであり、実際に旗国責任を果たす国は少ないというのが現状だ。そのため、世界の外航船の約2割はパナマ船籍であり、約1割はリベリア船籍となっている。さらには、海のないモンゴル船籍の船も存在するというのだから、何をか言わんやである。日本の場合も、約6割がパナマ船籍であり、日本船籍の船は、わずか9%に過ぎない。

DP号の場合、船籍国は英国で、所有者は英国のP&O社である。運用は、米国のプリンセス・クルーズ社の日本支社、カーニバルクルーズジャパン。船長はイタリア人だ。

山田吉彦・東海大教授

こうしたクルーズ船の場合、船内の運営、秩序の維持は船長の責任であり、乗組員は船長の指揮下に置かれる。船長は、雇用主である米国の運航会社の指示を仰ぎつつ、船内の諸事を決定する。今回、日本政府が検疫法により、乗客、乗員に日本上陸の許可を与えなかったのは、やむを得ない判断だった。

オランダ船籍で、米国・シアトルに本社を置くホーランド・アメリカライン社が運航する大型クルーズ船、さきに触れたウエステルダム号は、船内感染の疑いのため、太平洋の沿岸国5カ国から入港を拒否された。船は2月8日に那覇港に寄港予定だったが、日本政府は6日に受け入れを拒否した。DP号への対応で手いっぱいだったためだ。

ウエステルダム号そのものの入港受け入れ拒否は仕方なかろうが、さきにも述べた通り、日本人乗客5人もろとも大海原に放り出した対応は、まったくもっていただけない。結果的に彼らは、受け入れを決めたカンボジア経由で帰国できたが、これでは邦人保護もへったくれもなかろう。その点、DP号は日本人客が多く、日本人だけを上陸させて後は追い払うというわけにもいかなかった。ゆえに、だれが責任者であっても、難しい対応を迫られたのは間違いない。

ただ、それでも、政府の判断が後手後手に回った感が否めないのは、どうしてなのだろう。そこには、安倍晋三首相と菅義偉《すがよしひで》官房長官の間で、意思の疎通が十分できていなかったことも一因に挙げられよう。また、首相官邸と霞が関の官僚に軋轢《あつれき》が生じ、結果として菅氏が主導したDP号の対応がもたついた面もあろう。しかし、最も重要なのは、役割が不明確で判断しようにもできないという、構造的な問題があったのだ。

この点をさらに掘り下げるため、電話で、さきほどの山田吉彦教授に聞いてみた。インタビューのやりとりは次の通り。

――義的にはどこに責任があるのか

「まず、検疫許可を得るために船内の条件を整えるのは、運航会社および船長の責務であると同時に、英国の旗国責任に該当する。今回は乗組員の中での蔓延が問題となったが、国連海洋法条約では、乗組員の配乗等に法的、社会的な義務を負うのは旗国である。国際保健規則でも、自国が責任を有する輸送機関内において、感染源に侵されないようにする義務を負う。つまり、船内で感染症の拡大を防ぐ義務は運航会社、船長、そして旗国である英国にあった」

《筆者注：ここで思い出されるのが、麻生太郎副総理兼財務相の歯に衣着せぬ発言だ。サウジアラビアの首都リヤドで開かれた20カ国・地域（G20）財務相・中央銀行総裁会議から帰国後の2月25日、麻生氏が衆議院財務金融委員会で、DP号に言及した発言がふるっている。

麻生氏は、「この船の船籍は英国、船長も英国人（＝本当はイタリア人）だが、G20で英国代表は何ひとつ発言しません。『もともと責任はお前らじゃないの』って、みな、おなかん中では言っているが、オフィシャルでは言わないのがこの世界の常識なのかねと思いながら、日本は対応に追われている。割を食っているのは日本じゃねえか」と、べらんめえ調で答弁したのだ》

――日本に責任はなかったのか

「感染者が乗船している疑いがある場合は、ウエステルダム号のように入港を拒否され、医療協力も受けられない場合も想定される。ＤＰ号における新型コロナウイルスの蔓延に関する国際法的な責任は日本政府にはない。むしろ国を挙げ、誠心誠意、務めたとも言うべきである。問題だったのは、旗国、運営会社、船長、沿岸国（日本）の役割が不明確であり、連携の悪さから判断に遅れが生じたことだ。旗国による責任が明確でない原因は、便宜置籍船制度によるところが大きい」

――そうなると、便宜置籍船制度は、税制上の優遇措置や各種規制のゆるい国に籍を置くというだけのことであって、乗員、乗客の安全や命を守るのに、まるで役に立たない印象だった

「便宜置籍船制度が乗員、乗客の安全を脅かしていることは、ソマリア沖の海域で多発した海賊事件でも問題視されていた。船が海賊に襲われても、本来、船上の主権を持ち、対処すべき旗国が、船や乗員を守ることがないのである。旗国の責任を明確にし、便宜置籍船制度を適正化するために国際社会に働きかけるのは、海洋立国を目指す日本の責務でもある」

――ＤＰ号で表面化したのが、沿岸での検疫のあり方だ

「昭和21（１９４６）年初夏、日本にコレラが来襲した。大陸で蔓延していたコレラが、引き揚げ者や朝鮮半島からの流入者を介し、伝染したのである。特に朝鮮半島からの不法入国者がコレラを広めたことを問題としたＧＨＱ（連合国軍最高司令官総司令部）は、日本政府に対して早急な対処を指示し、政府は運輸省海運総局に不法入国船舶監視本部、九州運輸局に不法入国監視部を設置し、監視船による警戒を始めた。この沿岸監視体制を制度化し、23年に海上保安庁

が創設された。感染病の国内流入を防止するノウハウは、実は海保に蓄積されている」

——DP号では、自衛隊も出動した

「自衛隊には、生物兵器に対応できる備えを持ち、病気の蔓延を阻止するため組織的に活動する対特殊武器衛生隊が組織されている。そのため、一人の感染者も出ていない。米国では、感染症対策に軍が出動するのは当たり前のことである。わが国も、国防という視点で新型コロナウイルスに対処しなければならない。その、一番キモの部分が、ないがしろにされている。感染症の来襲を含め、海を越えてやってくる国難に備えた、沿岸管理体制のさらなる強化が必要だ」

世界の称賛を集めた台湾の防疫　背景に日本精神

「台湾は伝染病対策で、感染率を低く抑える模範を示した」

英高級紙デイリー・テレグラフは2020年3月6日付の電子版で、台湾の防疫をこう絶賛した。日本が、中国の習近平国家主席の国賓としての来日を延期する決定を、ようやく表明したのと同じころだ。

同紙は、中国本土から81マイル（130キロ）しか離れていない人口2300万人の台湾が、早期介入や柔軟性のある指揮命令体系、実践的な防疫戦略、情報の透明化などによって、ウイルスの感染拡大を最小限に抑えることができたと報じた。

もちろん、WHOの正式メンバーにはなれずとも、衛生分野で努力を積み重ねてきた台湾の官民挙げた努力は、敬服に値するものだろう。だが筆者はここで、身びいき過ぎると言われるかもしれないが、台湾統治時代の日本の施策も奏功したのではないかと、簡単ではあるが、付け加えておきたい。

筆者の九州総局長時代に知己を得た、台湾の総領事に当たる台北駐福岡経済文化弁事処（福岡市）の戎義俊・前処長の言葉が忘れられないからだ。外交官としてのリップサービスを超えた戎処長の言葉から、日本の先人が台湾に残した開拓の精神、人間としての精神を教わったような気がしたのだ。

統治時代の日本は「清潔」「勇気」「忠誠」「勤勉」「奉公」「自己犠牲」「責任感」「遵法」といった「日本精神（リップンチェンシン）」、すなわち武士道を教えてくれたと、戎氏は何度も何度も、講演会や私的な会合で熱っぽく語ってくれた。

それは、ダムや鉄道といった物質的なインフラだけではなく、まさに「公《おおやけ》」を考える、道徳教育などの精神的な遺産を残してくれたというのである。島国の中にいると案外、自分たちでは気づかないものである。もしかしたら、われわれ日本人が忘れてしまった日本精神＝武士道が、純粋培養される形で台湾に息づき、それが、人類を襲ったウイルス禍に立ち向かうバックボーンになったのだろうか。だとしたら、うれしい限りである。

話をデイリー・テレグラフ紙に戻すが、同紙が指摘している通り、台湾政府の防疫が奏功したのは、2003年のSARS（重症急性呼吸器症候群）の苦い経験と、中国共産党政権、その走狗と化した世界保健機関（WHO）に対する、強い不信感が背景にある。

台湾でSARSが流行ったとき、台湾当局は中国当局やWHOからウイルス情報を得られず、最後にはアメリカの疾病予防管理センター（CDC）から、やっと入手していたのである。さらに2017年以降は、中国の横車で、それまで認められていたWHOへのオブザーバー参加も認められなくなった。

中国は、台湾がWHOを利用して独立を画策しているとの政治的な警戒感を隠しておらず、これが、衛生面での空白地帯をつくることになっている。このため、SARSのときは初動対応が遅れ、病院内での院内感染により73人の死者を出している。これを教訓に、翌2004年、台湾は米CDCの台湾版である国家衛生指揮センター（NHCC）を立ち上げた。

同紙のインタビューを受けたスタンフォード大医学部の王智弘（ジェイソン・ワン）助教授は、「台湾政府はSARS以降、次の感染症に備え、予防措置を講じているから、一般市民が思った以上に対応は早い。NHCCがよく機能していることも大きい」と語っている。

NHCCは、新型コロナウイルス感染症対策本部の下に中央感染症指揮センター（CECC）を開設した。陳時中衛生福利部長（日本の厚労相に相当）は、台湾で防疫対策が効果をあげている理由について、警戒心、防疫経験、専門知識、情報活用能力、加入率の高い国民健康保険制度の5つを挙げた。

これは、北朝鮮と対峙している韓国にも同じことが言えるのだが、台湾の場合も、海峡を挟んで24時間、365日、常に大陸からの、目に見えるもの、見えないもの、あらゆるヒト、モノ、疫病の侵入に備えてきた緊張感が、日本はじめ他の欧米諸国とは比べものにならなかったのではないだろうか。

そんな中、1月11日、台湾では天下分け目の総統選挙が行われ、蔡英文総統は、直接選挙が始まって以来最高の817万231票を獲得し、韓国瑜氏に552万票あまりの大差をつけて勝利した。同時に行われた立法委員（国会議員）選挙でも、民進党は単独過半数の61議席を獲得している。

もし仮に、総統選挙期間中に故意に新型コロナウイルスがばら撒《ま》かれるようなことがあれば、大惨事となり、医療支援名目による中国共産党のあからさまな介入を招き、中国が戦わずして台湾を手に入れることになりかねなかった。コロナウイルスの生物兵器説がくすぶっているが、そうでなかったとしても、中国軍はじめ、テロリストも含めた多くの勢力が、生物兵器の破壊力の大きさに、そして、改めてそれを所有する価値の高さに、目を見張ったのではなかろうか。

さて、その台湾政府だが、選挙後の動きが早かった。春節が終わる1月30日よりも前の1月26日には、中国・湖北省からの台湾入りを禁止し、その後、広東省、浙江省へと拡大した。さらに2月7日には、香港やマカオを含む中国全域の住民を入国禁止としている。

ここで注目したいのは、台湾では2月25日に制定された武漢ウイルス特別措置法により、検疫や自宅隔離の対象者の管理も厳しく定められ、規則に違反した者は2年以下の懲役や最大200万台湾元（約720万円）の罰金を科され、すでに違反者には罰則が適用されている点だ。2020年3月14日に施行された新型インフルエンザ等対策特別措置法に基づき、罰則規定のない日本の緊急事態宣言と比べ、台湾の罰則は厳しい。それだけ、水際での防疫に真剣に取り組んでいると言えるのではなかろうか。

その内容は、隔離、検疫命令に違反した対象者および感染者に対し、行動の録画、撮影、個人情報の公表を行うほか、防疫物資の不当な値上げや正当な理由なく売り惜しみした場合、5年以下の懲役と500万元（約1750万円）以下の罰金、流言や事実ではない情報を流布し、社会と他人に損害を及ぼす者には3年以下の懲役あるいは300万元（約1050万円）以下の罰金、またはその両方を科す——などとなっている。

4月1日に衛生福利部が発表した特措法あるいは伝染病法の違反者は、全国で318人、罰金は総額2714万8千元にのぼった。

こうした罰則で想起するのは、中国大陸で感染爆発したアフリカ豚熱（ASF）への台湾の防疫策だ。台湾では最高300万円相当の罰金を科し、悪質な者の入国を拒否している。

これに対し日本は、改正家畜伝染病予防法が3月27日に成立するまでは、100万円以下の罰金か3年以下の懲役とあるものの、多くは口頭注意で放免してきた。今回の改正法では、さすがに罰則を強化し、個人の場合は現行の3倍に当たる最大300万円、法人は50倍の最大

5000万円となった。

今回のコロナ禍でも、日本は中国寄りの姿勢を示すWHOの動向に不必要なまでに依拠し、水際対策が後手後手に回ったのは周知の通りだ。

象徴的なのが、中国や韓国からの入国制限のタイミングだ。中韓両国からの入国制限の強化を表明したのは、桜の咲くころ、すなわち、4月上旬に予定されていた中国の習近平国家主席の国賓としての来日延期が決まった、わずか3時間前のことだった。あまりにも偶然過ぎるタイミングである。中国への配慮そのものと言ってよかろう。そうでないと言う方が不自然だ。当時の安倍政権が、国民の生命、安全よりも、中国のご機嫌うかがいを優先させたと批判されたのは残念だ。

なぜ台湾はコロナに打ち勝つことができたのか

台湾の対応への称賛が世界から集まった事実は、これまで述べてきた通りである。水際対策やマスク禁輸など、技術的な対応や施策は見事に的中してきた。それ以上に、日本になくて台湾にある強みは、国家の仕組みそれ自体にありそうだ。

長年、日本と台湾で企業顧問などを務めてきた藤重太《ふじじゅうた》氏に話を聞いた。筆者がインタビューを申し入れたとき、藤氏はたまたま日本にいたのだが、政府の緊急事態宣言が発令され、移動自粛、外出自粛が奨励されている時節柄、インターネットで互いの顔を見ながらの取材となった。

筆者が藤氏を知ったきっかけは、2020年4月4日付の「プレジデントオンライン（電子版）」だ。

藤氏は東京出身。国立台湾大を卒業後、日台交流・交際経営アドバイザーを務め、1992年に香港でアジア市場開発を設立。その後、台湾政府系シンクタンク顧問、台湾講談社メディアGM総経理などを経て、現在はアジア市場開発・富吉国際企業顧問有限公司代表。「台湾から日本の在り方を考える」「日本人としての生き方」などをテーマに、日本と台湾で講演活動も展開している。

藤氏へのインタビュー内容は次の通り。

――新型コロナウイルス対策で台湾政府の対応は、各国から称賛されている。迅速な決定や合理的できめ細かな措置はもちろん、厳格な防疫態勢、マスクの配給システムや国民への積極的な情報公開、さらに中小企業やアーティストへの支援策まで、今や世界的に評価されている

藤重太氏

「それは単に、台湾の人口が少なかったり、国土が小さかったり、たまたま、すごい人物が政権の中枢にいたからではない。そういう権威主義、色メガネ、レッテル張りで物を見ていては、本質は見えない。今回の防疫対策で見た台湾の『強い政府、機能する行政、国民を守れる国』の秘密は、台湾という国家の仕組み、それ自体にあったのだと

思う」

――ではなぜ、台湾は打つ手、打つ手が迅速だったのか

「政府内に、たまたま優れた人材がいたからではない。確かに、蔡英文総統を筆頭に、陳建仁副総統、蘇貞昌行政院長（首相に相当）、陳時中衛生福利部長（厚労大臣に相当）、唐鳳IT担当大臣など、素晴らしい人材の存在があったことは間違いない。2003年にSARS（重症急性呼吸器症候群）の危機を経験した結果、必要な法整備や組織、そして準備が、すでに整えられていた点も見逃せない」

蔡英文 総統（左）と陳時中 衛生福利部長（右）
（出典：中華民国総統府）

《筆者注：藤氏は、台湾政府経済部系シンクタンク、通称「トリプルアイ」と言われる、台湾の財団法人・資訊工業策進会（III）で10年近く台湾経済部の対日政策を手伝ってきて、日本では誰も着目しない台湾の政治システムにこそ、強さの秘密があるのではないかと思っていた。

台湾では、国民の直接選挙で選ばれる総統が行政院長を決め、行政院長が閣僚を任命する。最大の特徴は、閣内（内閣の大臣）に立法委員（国会議員）がいないことだ。行政院長や部長・政務委員（大臣）は、立法委員ではないのだ。

日本の組閣の際には、どの議員が入閣するのかが話題になる。憲法の規定もあり、民間人から登用されることは、特殊なケースである。しかも、任命の決め手は、もちろん例外もあるが、そのほとんどが当選回数や派閥の力学、論功行賞だったりする》

——台湾とは国会の仕組みが違う

「日本の議院内閣制と、台湾の半大統領制（総統内閣制）を、そのまま比較することには無理がある。ただ、立法府の人間が行政府を兼任して、正しい監督監査ができるわけがないと、台湾の政治関係に強い友人との討論で思うようになった。日本の内閣に相当する台湾行政院では、大臣ポスト21人のうち、当然ながら立法委員（国会議員）はゼロだ。しかも、立法委員の経験者としても3人だけだ」

《筆者注：一方の立法府（国会に相当）は、国家管理に必要な法律の制定と、行政院がつくる予算の審議、そして行政活動の監督と会計監査をするところだ。予算が立法院で通過すれば、行政機関は予算を計画通り遂行する。もし結果が悪ければ、立法院が厳しく審査し、行政責任を追及される。当たり前のことだ。端的に言えば、立法府と行政府の独立が完全に保たれているわけだ。しかも、国家運営の点で言えば、行政権の行使が優先されて、立法府はその監視役の任の方が高い。まったく、国会優位の日本とは逆だ》

――どんな閣僚がいるのか

「コロナ対応で獅子奮迅の活躍をした筆頭が、衛生福利部部長（保健相、日本の厚労相に相当）であり、中央伝染病指揮センターの指揮官でもある陳時中氏（67）だ。彼は立法委員ではなく、本業は歯科医師である。41歳のときに歯科医師会全国連合会の理事長になり、台湾の歯科治療の保険制度推進に尽力した。その後、行政院衛生署副署長、総統府国策顧問などを経て、2017年2月に、64歳で衛生福利部（厚生労働省）の部長（大臣）に就任している。民間での活動で能力が認められ、行政府に引き上げられた人材だ。

そして、マスクの輸出禁止や増産体制を整え、マスク不足問題の解決に活躍したのが、沈栄津経済部部長（経産大臣に相当）だ。彼は全国の工作機械組合、精密機械センター、マスク生産業者、紡績所、その他、研究団体など30以上の企業と国家組織をまとめて、3カ月から半年はかかるといわれた60本のマスク製造ラインを、わずか1カ月で完成させた。

台湾は現在、1日1300万枚の生産量を持つ、世界第2位のマスク生産大国になった。そのマスクを米国に200万枚、イタリア、スペインなどヨーロッパ各国に700万枚、その他の国交のある国々に100万枚、そして日本にも200万枚を送っている。

この沈経済部部長は立法委員ではない。電気工学やオートメーション化の技術を学び、経済部に入省した官僚出身者だ。経済・産業行政を担当する官僚として地道にキャリアを積み上げ、科長、組長、局長、次長などを経て、大臣にあたる部長にまで登り詰めた人物だ」

――各国から注目を集めたのが、無任所の唐鳳政務委員（ＩＴ担当大臣）だ

「全国のマスクの在庫一覧システムをつくるための情報を民間ＩＴ企業に公開し、政府の情報を国民に効率よく伝えた。唐氏は８歳からコンピュータ・プログラミングに興味を持ち、ずば抜けて知能が高く、逆に学校教育になじめずに14歳で中学校を中退している。高校、大学に進学せず、独学でプログラミングを学び、16歳で液晶ディスプレイやプロジェクターの世界的大手、台湾明基公司（ＢｅｎＱ）の顧問になるなど、ＩＴ関連企業の要職を経験した。

その後、行政院国家発展委員会の顧問に就任し、デジタル社会での国家の役割や可能性などについてアドバイスをしている。35歳のとき、行政院政務委員（大臣）に任命された。

副総統の陳建仁氏も、公衆衛生学の分野では世界トップの、米ジョンズ・ホプキンズ大学公衆衛生大学院で博士号を取得。ＳＡＲＳ危機の際には、行政院衛生署長として大活躍した。陳副総統も唐鳳氏も当然、立法委員ではない」

――みなその道の専門家だ

「立法委員ではないが、担当分野については完全なプロフェッショナルだ。十分な実務経験と実力者同士のネットワークがあったから、迅速かつ有効な決断と行動が可能となったのだろう。有能で実力のある人材であれば、学歴も性別も経歴も、政治家としての経験も関係なく登用するのが、蔡英文政権、台湾の柔軟性だ」

《筆者注：日本では、サイバーセキュリティを兼務していた桜田義孝五輪相が「パソコンを打ったことがない」と国会で発言した。「USBジャックを知っているか」という野党からの質問に対し、「仮にあったとしても万全の対応をする」とトンチンカンな回答をし、「むしろ最高のセキュリティだ」と世界から揶揄《やゆ》されたのは記憶に新しい。もちろん、パソコンを触ったことのないIT担当大臣が台湾で生まれることは絶対にない》

――無任所大臣でも力を発揮できるのか

「各省庁の大臣に相当する部長と、いわゆる無任所大臣にあたる政務委員の2種類のポストがある。ここにも、台湾政治の強さの秘密が隠れている。日本では、無任所大臣より大臣の方が格上という印象があるが、私は台湾行政では逆だと感じている。実際、行政院のウェブサイトでも、政務委員の紹介欄は部長の紹介欄より上に置かれている。日本では台湾の政務委員を「無任所大臣」と訳しているが、実は、日本にはないシステムの「特殊大臣」なのだ。政務委員は、国家の運営をより良く発展・改善させていくために委員会などを主宰し、各省庁を横断的につなげていく役割と権限を持つ。委員会では大臣より上に立つ立場なのだ。部長が行政府のタテ糸だとすれば、政務委員はヨコ糸の役割を果たす。さきほどの唐鳳政務委員がIT担当大臣として活躍できた仕組みが、ここにある。日本にはないシステムだ」

以上が藤氏へのインタビュー内容だ。

台湾が完璧でベストだとは言わない。しかし、日本は今回の新型コロナウイルスへの対応を反省し、現行の政治運営のあり方や、「制度疲労」あるいは「制度崩壊」とさえ言いたくなる今の政治制度の限界を、今こそ冷静に見つめ直すべきではないだろうか。

日本でも、かつては田中角栄元首相のように、泥をかぶったり、泥水を飲んだりすることができる政治家がいた。確かに、利権という「見返り」がセットではあったが、実行力はあった。良し悪しは別にして、今やそんな政治家すら探すのも難しくなった。台湾の専門家閣僚に田中角栄と同じ真似ができるとは思わないが、少なくとも実行力はある。藤氏の見解は、日本の政治システムの急所を突いた、鋭い分析と言えよう。

総額1京1千兆円！　中国を提訴する世界の国々

俗に〝Show-me State〟と呼ばれる、米中西部に位置するミズーリ州は、ニックネームの通り、理屈っぽい県民性ならぬ州民性として、米国内では有名だ。〝Show me〟とは文字通り「証拠を見せろ」という意味になる。さらに〝I'm from Missouri.〟と言えば、「証拠を見せてもらうまでは引き下がりませんよ。簡単に納得しませんよ」といった意味になる。

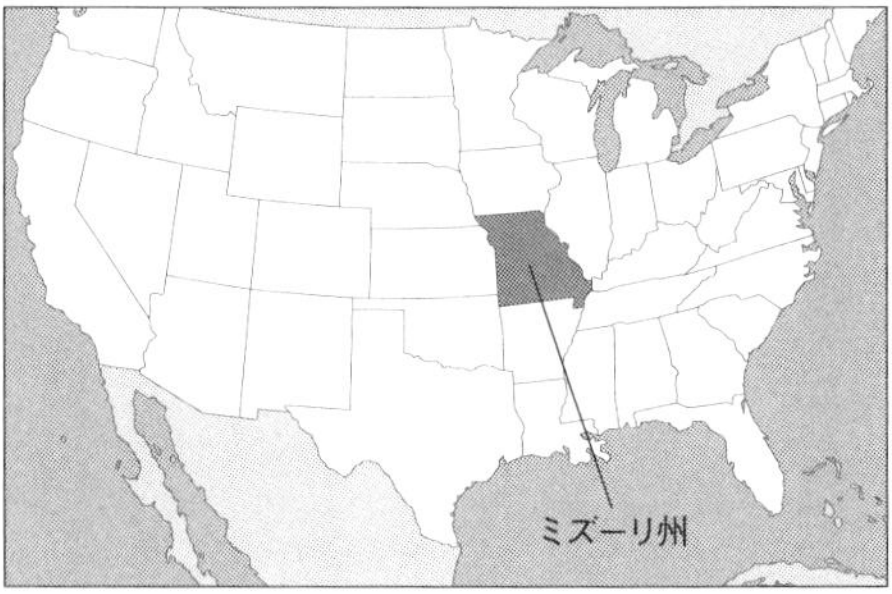

一時期の岡山県のように、人口当たりの民事訴訟が米国内で最も多いかどうかは、調べてみなければ分からない。米国はそもそも訴訟社会なのだが、それでも、とりわけミズーリ州は訴訟が突出して多いイメージなのだろう。

ちなみに、フロリダ州は〝Sunshine State〟で、太陽の光が燦燦《さんさん》と輝く州だし、テネシー州は〝Volunteer State〟となる。この場合のボランティア（Volunteer）は、日本でよく使われるボランティア（社会奉仕活動に参加する人）とは違い、「義勇軍」と言う意味がある。メキシコとの戦争（米墨戦争、１８４６～48年）において、テネシー州から多くの義勇兵が参加したことから名付けられた。

というわけで、このミズーリ州が、米国内の州としては、真っ先に中国を提訴した。中国政府による隠蔽などの不正行為が原因で新型コロナウイルスの感染が拡大し、数十億ドル以上の損害をこうむったとし、中国政府に賠償を求める訴えを、連邦地方裁判所に起こしたのである。

訴状によると、中国政府は新型コロナウイルスの感染発生を告発した人物を拘束し、情報統制を行って感染を隠蔽したほか、国際社会との協力を拒《こば》むなどの不正行為があったと主張している。ミズーリ州は、提訴した4月下旬までに、６千人弱が感染し、２００人近くが死亡、経済的な損害は数十億ドル以上に達するとしている。

米国では、ほかにも南部フロリダ州やテキサス州、西部ネバダ州などで、個人や企業が中国政府を相手に集団訴訟を起こしているが、州政府が訴えを起こしたのは、このミズーリ州が初めてだ。

エリック・シュミット州司法長官は「中国は新型コロナウイルスの感染拡大を止めるために、ほとんど何もしなかった」と主張している。さらに連邦議会でも、与党の共和党が中国政府に賠償を求める法案を提出するなど、感染拡大の責任を追及する動きが出ている。

こうした動きに対し、中国外務省の耿爽報道官は、「事実や法律の根拠が全くなく、でたらめだ」と強く反発し、さらに「中国国内で感染が確認されて以来、中国政府は責任ある態度でWHOや米国を含む国や地域に感染状況を報告してきた。中国が感染防止のために行ってきた主権行為は米国の裁判所の管轄外だ。こうした訴訟は米国内の感染対策にとってプラスにならないだけではなく、国際的な協力に逆行している。米国はこうした訴訟を棄却すべきだ」と述べている。

フロリダ州では、これに先立つ3月中旬、原告団は中国政府について、「ウイルスが危険で世界的流行を起こすことを知りながら対応を遅らせ、自らの経済的利益のために見て見ぬふりをし、ないしは隠蔽した」と主張。ネバダ州では、原告団が全米３２００万にのぼる中小企業と、大規模だ。3月23日に原告代理人が記者会見し、企業活動の縮小や閉鎖で数千億ドルの損失が出たと主張した。

テキサス州でも、高校スポーツの写真撮影を行う企業などが原告団を結成し、学校が封鎖されたことで破産寸前に追い込まれていると訴え、中国政府に対し、「違法で国際的に禁止されている中国・武漢にある生物兵器施設から新型コロナウイルスを出した結果による甚大な被害を受けた」とし、少なくとも20兆ドルの損害賠償を求めている。

一連の訴訟は、中国外交部の趙立堅報道官による3月12日のツイッターへの投稿が呼び水となったようだ。趙報道官は2020年2月に報道官に就任したばかり。「戦狼外交官」と呼ばれる。いわば中国版ランボーだ。ツイッター上での、愛国的で米国への攻撃的な発言が「中国を侵害する者は必ず討伐する」という中国の大ヒット映画「戦狼」のメッセージと重なって見えるらしい。

この趙報道官はツイッターに、「ウイルスは米軍が中国に持ち込んだ可能性がある」「透明性を示せ！　情報を開示せよ！　米国はわれわれに対して説明責任がある！」などと、具体的な証拠を示さないまま書き込んだ。その後、しばらく公の場に姿を見せなかったことから、更迭説も流れた。4月7日、1カ月ぶりに記者会見に姿を現した趙報道官は、「米軍がウイルスを持ち込んだ」という自説をトーンダウン。「米国の一部の政治家が中国に汚名をかぶせたことへの反発だった」と釈明した。

これに対し、アメリカのポンペオ国務長官は、「今はニセ情報や、くだらない噂を流布するときではなく、あらゆる国が共通の脅威に連携して立ち向かうときだ」と猛反発してみせた。

そもそも、酒に酔った勢いで投稿したわけでもないだろうから、さきの趙氏の投稿は、中国政府の意向を反映したものと見るのが自然だろう。

ツイッターへの投稿後、米テレビ番組に出演した中国の崔天凱駐米大使が、「私はその責任を負えない。だれかがばらまいた狂った言論だ」と語るなど、ハシゴを外した形となったが、これは、反響の大きさから趙報道官個人の問題に矮小化して事態の収集を図ったものと見られている。

一連の中国への損害賠償請求額は、米国だけでも天文学的な数字になるだろう。中国政府は法的な根拠がないと一笑に付すが、「中国の責任を明確にするための象徴的な価値を持つ」(カーティス・ブラッドリー米デューク大教授)だけに、米中の新たな火種になるのは必至だ。

「香港経済日報」によると、米国を含め、5月時点で世界8カ国の政府や民間機関が、新型コロナウイルスの感染拡大を招き、自国に大きな被害をもたらしたとして、中国政府に賠償を求める訴訟を起こしている。内訳は米国、英国、イタリア、ドイツ、エジプト、インド、ナイジェリア、オーストラリアだ。日本国内でも提訴に向けて準備する動きが出始めており、今後さらに増える見通しだ。

今挙げた8カ国だけでも、中国政府に対して求めている賠償額の合計は、49兆5千億ドル(5300兆円)となる。ミズーリ州の賠償額を加えると、100兆ドル(1京1千兆円)を上回り、中国のＧＤＰ（国内総生産）の７年分に相当する額に達する。

法曹関係者の間では、こうした提訴の効力について否定的な見方もある。米国では、外国政府が被告として提訴された場合も、裁判権免除となる主権免除が適用されるため、裁判所が訴訟を受理するのは難しいというものだ。

ただ、米国に主権免除があろうがなかろうが、中国政府は支払う気など毛頭なかろうから、痛くも痒くもないだろう。まさに、カエルのツラに小便である。

実際、中国の国会に相当する全国人民代表大会（全人代）の張業遂報道官は５月21日、北京で行われた記者会見で、新型コロナウイルスに関し、米国内で賠償を求める動きが出ていることについて、「訴訟の乱用や不当な賠償請求は一切受け入れない」と言明した。

張報道官はまた、賠償請求は国際法や国際関係の原則に違反しているとし、「必要に応じて対抗措置を講じる。米国が自国の問題を隠すために責任を転嫁しているのは無責任であり、モラルに反している」と主張した。

マスク不足が象徴するように、サプライチェーン（供給網）など中国依存からの脱却を図る動きが出始めていることについて、「中国から大規模な外国資本の逃避は起きていない。外国投資を呼び寄せている中国の総合的な利点に変化はなく、外国投資家の長期的な事業活動と中国の成長に対する信頼も変わっていない」と強気の姿勢を示した。

このように、損害賠償を払う気はさらさらないだろうが、外交的なダメージは小さくない。

国際社会でのメンツを何よりも優先する権威主義の中国共産党独裁国家にとって、国際社会の包囲網は耐えがたいはずだ。建国100年に当たる2049年ごろには、米国を軍事的にも経済的にも追い抜いて、世界で覇権を確立する野望を抱いているからだ。これを実現するには、中国の政治システムが民主国家よりも優れているということを見せつける必要があり、新たな世界秩序を守護するリーダーとして地位を不動のものにするには、各国の支持と理解が欠かせない。賠償などビタ一文払わないとしても、中国の国際的な信用は深い傷を負い、習政権にとっての時限爆弾となるだろう。

「中国人お断り」の貼り紙を出した箱根の駄菓子店

中国湖北省武漢市での感染爆発が世界の脅威になりつつあった2020年1月、神奈川県箱根町の駄菓子店が中国のネット上でバズって（炎上して）しまった。中国人の入店を禁止する中国語の貼り紙を店先に掲示したためだ。

真相を確かめるべく、5月10日に店を訪ねて店主にインタビューした。前日、電話で話を聞いているうちに、ぜひとも店を訪ねて直接話を聞きたいと思ったからだ。まだ緊急事態宣言下であり、不要不急の外出は自粛が求められていたが、大事な用事であり、いつ会えるか分からないために、急ぎ取材の約束を入れて会いに行った。

物議をかもした貼り紙を持つ、駄菓子店の店主・丸山浩司氏
＝2020.5.10、神奈川県箱根町（筆者撮影）

店主の丸山浩司さん（53）は5年前に脱サラして、大人向けには昔懐かしの駄菓子屋をやり、固定ファン向けには趣味でスターウォーズの関連グッズの販売を始めたという。

「中国人14億すべての人のマナーが悪いと言っているわけではありません。一部の観光客のマナーが悪くて困っていたんです」

丸山さんによると、「人種差別だ」「許せない」といった自分を非難する書き込みは、店のホームページにある問い合わせコーナーを利用する形で広がっていった。大半がパソコンの翻訳ソフトを使ったとみられ、一部は首をかしげるような、たどたどしい日本語で誹謗中傷が書き込まれていった。

「殺すぞ」「中国人をなめんじゃねえぞ、死ね」「人種差別主義者はこの世から消えろ」「中国人全員に謝れ」などといった中国人からの脅迫は、書き込んだ人物が特定されないよう、使い捨てのアカウントが使用されていた。殺到した脅迫文に共通するのは、店側が相手に返信できないよう、一方的な書き込みの形態をとっていた点だ。

店は、インターネットのホームページで、団体客向けに予約を受け付けるシステムを採っているが、中国人の中には、これを悪用する形で「乗り込んでやる。覚えとけ」といった脅迫もあったという。丸山さん本人がネット上の炎上を知る以上に、心配した神奈川県警から安否確認が入るようになったと言う。

中国人だけではない。新聞報道でこの件を知った日本人からも、店を特定され「人種差別は最低だろ！」などといった批判が殺到した。

今回の件を最初に報じたのは朝日新聞だ。2020年1月21日付の電子版は、「新型肺炎を理由に『中国人は入店禁止』箱根の駄菓子店」との見出しで、店主に批判が寄せられていることを報じている。店主は朝日新聞の取材に対して、文面は翻訳アプリで作成し、17日ごろから掲示したと説明、「マナーの良くない中国人に荒らされてきた」「コロナウイルスに自衛手段を取りたい。中国人は入ってほしくない」と答えた。

続けて、「箱根に来るな、日本に来るなと載せていますから、怒りをかってもしょうがない」などと語っている。ただし、「内容を書き換えます。物議をかもすような言葉は控えます」としながらも、「入店を拒む姿勢は変えない」と答えている。これに対し朝日新聞は、記事の最後を「来日する中国人観光客が増える春節を前に、箱根観光に影響が出る可能性もある」と結んでいる。

これに飛びついたのが、民放テレビのワイドショーだ。批判的なコメントを誘導するようなMC（司会者）に話を振られたコメンテーターの一人が、「これは明らかなヘイトです」と、したり顔で言っていた。筆者は、それに強い違和感を感じた。偽善的なにおいを嗅ぎ取ったからである。中国で起きている感染爆発の怖さと、中国人観光客の日ごろのマナーの悪さに対する想像力が足りない人が、ひとまず店主を批判しておけば、「有識者」らしい言動として、カメラの向こう側にいる視聴者に好感されるだろうという、浅はかな計算を働かせたように思えたのだ。

筆者は、数日後に収録したネット配信用の動画で、この問題を取り上げた。もちろん、世の中にはいろいろな意見があって良いのだが、小さな駄菓子店の店主を、公共の電波を使って寄ってたかって袋叩きにする構図は、見ていてつらいものがあった。確かに、詳しい経緯も知らないまま、店主の側に立って「そうだ、そうだ」とも言いにくい事情はよく分かっている。だが、いかんせん胡散《うさん》臭いのである。

筆者が駄菓子店の店主でも、貼り紙の文面はもっと気を使ったかもしれないが、中国人観光客の来店は、お断りしていただろう。自分が感染したくないからである。

公共の電波を使って店主のことを「ヘイトだ」と批判したコメンテーターは、もし自分の家でホームパーティをするといったときに、友人が中国の、それも武漢から観光で日本に来た友人を突然連れてきても、快く自宅に迎え入れるのだろうか。「もちろん歓迎します」というのであれば、彼の店主に対する批判にも耳を傾けよう。逆に、そこで口ごもるようなら、「自分だけ安全な場所にいて、きれいごとを言うべきではない」と思う。

国から免許を受けて独占的に使用している、限られた地上波を使って、小さな駄菓子店の店主を批判したらどのようなことが起きるのか、頭がそこまで回らないのだろうか。その結果、実際に起きたことと言えば、店主への殺害予告などの脅迫であり、店に乗り込むとの恫喝である。さらに、店主に対する、日本人による吊し上げもあった。別のテレビ局スタッフは相談に乗ってくれたそうだが、店主を批判した番組を放映したテレビ局は、その後も直接取材するわけでもなく、知らぬ存ぜぬだったという。

それ以上に、本当に中国人観光客から新型コロナウイルスをうつされ、命まで奪われる事態になったら、だれが責任を取るというのだろうか。少なくとも、テレビのコメンテーターは、良心の呵責はあっても、何をするわけでもなく、知らぬ存ぜぬだろう。

「中国人だけでなく、それは日本人観光客も同じことだろう。なぜ中国人だけを特定して入店拒否するのか」という声も聞こえてきそうだが、それは通らない。なぜなら、中国・武漢では感染爆発が起きており、この報道があったのと同じタイミングで、武漢市は都市封鎖（ロックダウン）されているからである。

遅すぎた入国制限と中国からの観光客

そろそろ読者の記憶も薄れていると思うので、当時の様子を振り返ってみる。駄菓子店の件が電子版で報道される2日後の23日には、中国・武漢で公共交通機関がストップし、街はロックダウンされた。WHOが「国際的に懸念される公衆衛生上の緊急事態」に当たるかを判断するための緊急委員会を22日と23日に招集するほど、世界は緊迫の度を深めていた。一方、日ごろから、団体で来て爆買いに走る大勢の中国人観光客を相手にしている店主である。感染する可能性への恐れは、至極まっとうなものであろう。

習近平国家主席の国賓来日に影響を与えたくなかったのだろう、当時はまだ中国人を無制限に入国させていた日本政府の対応もまったくなっていないが、朝日新聞の報道ぶりにも嫌らしさを感じた。問題提起として記事にしたのは理解できるが、行間から店主の対応を批判しているのが伝わってくるからだ。よそ様の報道ぶりについて、あまり何だのかんだの言いたくないが、「来日する中国人観光客が増える春節を前に、箱根観光に影響が出る可能性もある」という危機感のなさは、信じがたい。日本政府が中国人の入国制限をためらい、野放図に来日を許していた結果が、さきの緊急事態宣言の発令であり、それによる箱根界隈のゴーストタウン化ではなかったのか。

同じころ、東京・浅草の浅草寺の仲見世を取材していた別のテレビ番組は、店の従業員女性にマイクを向け、「マスクをしたくても、接客業だから、客に失礼となるようなマスク着用はできず、感染が怖い」との言葉を引き出している。ホテルの受付も、同じ趣旨で取材していた。つまり、今でこそ当たり前のように、みなマスクを着用しているが、1月下旬の時点では、まだまだそうした自衛策をとることが、はばかられるような空気があったのも事実だ。しかし、自営業者の場合は、自分で自分の身を守るしかなかったのであるから、筆者は店主の立場を支持したい。

もちろん、ヘイトが良いと言っているわけではない。店主自身が認めている通り、物議をかもすような、翻訳ソフトに頼った表現のきつい文言の差し替えも、したらよかろう。

戦前、中国・上海の租界には「犬と中国人お断り」という看板があったとか、なかったとか、そういう話を何かで読んだか聞いたかした記憶がある。同じようなことをされたら、それは現代でも不快になるだろうし、その点では中国人客の不快感もよく分かる。

駄菓子店の外観（公式ＨＰより）

だが、入店お断りの理由は、新型コロナウイルス以前の話なのだ。店主を批判する日本人は、それを知っているのだろうか。丸山氏によると、実は中国人お断りの貼り紙は、新型コロナウイルス以前から貼ってあったのだという。中国人観光客のマナーが、あまりに悪かったからだ。

店内には、駄菓子を陳列する畳の部屋があるのだが、「土足厳禁」という札を立てかけていても、平気で土足で上がり込み、注意しても決して謝らない。子供が商品のおもちゃを手に遊び始めて、汚そうが壊そうが、親は注意するどころか、やらせたい放題なのだという。

さて、ここで注目したいのは、丸山さんに寄せられるコメント内容の変化だ。

丸山さんは、「当初は差別だ、差別だと批判ばかりされたが、あるときから、『貼り紙を出した気持ちは分かる』とか、『店主が自衛だと警戒した通り、日本でも中国経由で感染爆発が起きましたね』といった、支持するコメントの方が多くなってきた」と語る。

例えば、週刊ポストは2回にわたって、丸山さんの一件を取り上げている。2本目の記事は朝日新聞が報じてから2カ月経ってからで、「最初に『中国人お断り』掲げた商店主が『遅すぎた入国制限』を語る」との見出しである。

記事は「習近平・国家主席の訪日や東京五輪への影響を懸念して入国制限に踏み切れなかったとの指摘も上がる。2カ月前の店主の行動を、今も指弾できる日本人はいるだろうか」と結んでいる。

個人事業主にとって、お店は自分の城であり、ある意味、安らぎを得る自宅と同じである。丸山氏を声高に批判する人こそ、実際に店を訪れて店主の話を聞くなり、実態を知ってからコメントすべきだと思う。

取材を終え、店を出る前に、丸山さんに聞いた。今後も中国人お断りの貼り紙を出すのかどうか。

丸山さんがスキンヘッドの頭を右手で撫でまわしながら、こう語った。

「その土地に来たら、その土地のルールを守ってほしいとは思います。時節柄、マスクをするとか。でも、私の行き過ぎた行為で、常識のある中国の方の気分を害したことは反省しています。だれでも海外旅行をしたら、その先でハジけたくなるし、楽しい思いをして帰りたいじゃないですか。せっかく日本に、しかも箱根に来てくれたんだから、私も楽しんで帰ってほしいと思っています」

「特に、店の張り紙でうちの店が〝炎上〟した後、お店に来た中国人親子の母親が、悪さをする子供を叱る姿を見て、こういう常識ある方の気分を害してはいけないと思いました。この中国人親子は何も買わずに店を出ましたが、お金には代えられない大切なものを落としていってくれた気がします」

丸山さんは騒動の後、中国由来の新型コロナウイルスの日本流入によって、日本国内でも感染拡大したことについて、こうも語った。

「ただ、日本政府の対応があまりに遅かったという思いは、今でもあります。正直なところ、『ほら、言わんこっちゃない』という気持ちもあります。はじめから中国からの入国制限をしていれば、感染拡大も防げたかもしれないと。だって、政府もだれも、うちの店を守ってくれないじゃないですか。経済が停滞しても、初期の段階から国内外の渡航を禁止していれば、こんなことにはならなかったのではないでしょうか。箱根への観光客も減り、それに伴い、うちの店への客足も遠のいています。うちのような零細業者もそうですが、旅館は非常に厳しい。中国人向けに商売をしていた旅館が倒産し始めている」

朝日新聞の報道後、一斉に丸山さんを批判した日本人は、5月時点の現状と、店主の言葉をどう聞くのだろうか。コロナ禍が落ち着いたら、また外国人観光客にはたくさん来てもらい、マナーを守って楽しい旅の思い出をつくり、日本の良さを母国で広めてもらいたいと思う。

第三章　中国に支配される国際機関

ＷＨＯテドロス事務局長の罪状

「世界はＷＨＯ（世界保健機関）に耳を貸すべきだった」――。

てっきり、公平で中立な、どこかの国の感染病専門家が思い余って発言したものばかりだと思ったら、そうではなかった。あのテドロス事務局長の発言だというのだから、驚くなという方が無理である。骨の髄まで腐りきっているとしか言いようがない。

トランプ米大統領が5月下旬、ＷＨＯとの関係を断つと表明したのは、当然である。日本も歩調を合わせるべきだ。「日米がそんなことをしたら、中国が今まで以上に勝手放題しかねない」という声が、東京・霞が関の外務省界隈から聞こえてきそうだが、ここはスルーしたい。

ＷＨＯ、今やその悪名は高く、チャイナマネーに毒されると「ここまで堕落する」という悪

テドロス事務局長（左）と安倍晋三首相（右）＝2017.12.14（首相官邸ＨＰより）

い見本として、中国以外、世界中の多くの教科書に載せてほしい存在である。

テドロス・アダノム・ゲブレイェスス。２０２０年４月27日、テドロス氏は、「ＷＨＯは新型コロナウイルスに関して早期から最高レベルの警告を発してきた」と述べ、ＷＨＯの忠告に従わない国があったことに遺憾の意を表明した。

テドロス氏は、スイス・ジュネーブでインターネットを通じて行った記者会見で、ＷＨＯは中国以外で確認された感染者が82人のみだった1月30日に、「国際的な公衆衛生上の緊急事態」を宣言し、新型コロナウイルスの流行に警鐘を鳴らしたと指摘し、冒頭のように「世界はあのとき、ＷＨＯの忠告に注意深く耳を傾けるべきだった」と語ったのだ。この際、テドロス氏は、ＷＨＯが「最高の科学と証拠に基づき、当初から適切な忠告を出してきた」と主張する一方、ＷＨＯには各国に対して「忠告を聞き入れるよう強制する権限はない」と強調することも忘れなかった。

テドロス氏の発言はまだ続く。

「われわれは全世界に、包括的な公衆衛生対策を実施するよう勧告し、感染者の発見、検査、隔離、接触者の追跡を呼び掛けた。みなさんも自分で確認してみるといい。これに従った国の状況は他の国より良い。これは事実だ。ＷＨＯの忠告を拒否するか受け入れるかはその国次第だ。各国それぞれに責任がある」

だが、騙されてはいけない。まっとうなことを言っているようでいて実は、緊急事態宣言を出し遅れたことの責任転嫁である。

ここで改めて、発生からパンデミック（感染爆発）までを時系列で振り返ってみよう。

２０１９年12月31日、中国はＷＨＯに対し、湖北省武漢市で「原因不明の」肺炎のクラスター（集団感染）が確認されたと、初めて報告。２０２０年１月１日にＷＨＯは危機対応グループを立ち上げた。その後、22〜23日に開催した緊急会議では、中国政府の圧力で、緊急事態宣言を見送った（月刊「正論」２０２０年５月号）。結局、宣言を出したのは31日と、多くの日時を浪費したのだから、開いた口が塞がらない。どこが「最高の科学と証拠に基づき、当初から適切な忠告を出してきた」と言えるのか。

10日になってもまだ、ＷＨＯは「人から人への感染（ヒトヒト感染）はない、または限定的」と呑気《のんき》なことを言っていた。それもそうだろう。問題の矮小化を図る武漢市当局と湖北省、その報告を受けた中国共産党党中央の虚偽報告をそのまま垂れ流していたのだから、当然と言えば当然である。

筆者の周囲も、この時期、ＷＨＯと中国政府の発表を根拠に、「騒ぐ必要はない。大したことにはならない。パンデミックだと煽る人ほど迷惑なことはない」などと、したり顔で語る向きもあったほどだ。少なくとも筆者以上にこの分野に詳しく、中国の発表やＷＨＯに懐疑的な人たちですら、その感覚なのである。中国やＷＨＯにとって、御《ぎょ》しやすい勢力がどれだけ多いのかを痛感させられた。

1月11日、中国がＷＨＯに新型コロナウイルスの遺伝子配列情報を提供し、13日になると、タイが初の流入感染例を報告する。その後、14日になって初めて、ＷＨＯ新興感染症対策部門のマリア・ファン・ケルクホーフェ氏が記者会見で、確認された41人の患者に基づけば、「限定的な人から人への感染が起きる可能性がある」と、ヒトヒト感染の可能性を認めた。

23日には、中国・武漢で公共交通機関がストップし、都市封鎖（ロックダウン）されるなど、状況が悪化の一途をたどる中、ＷＨＯは22日と23日にかけ、「国際的に懸念される公衆衛生上の緊急事態」に当たるかを判断するための緊急委員会を招集したが、合意には至らず、10日後に先送りされた。

だれもが宣言を予想する中での先送りである。なぜか。中国大使館の〝恫喝〟で見送りが決まった、というのが、その真相だ。ＷＨＯを長年取材するフランス人の医療ジャーナリスト、ポール・バンキムン氏の証言である（月刊「正論」２０２０年5月号）。とてもよくできたレポートなので、現地取材できない筆者に代わり、産経新聞パリ支局長、三井美奈記者の報告を、記録としてこの場でも残しておく。

それによると、緊急委員会は各国の専門家15人とアドバイザー6人による非公開会議で行われ、議事は序盤から紛糾し、異例の2日間に及んだ。実は、ＷＨＯの会議において「もめる」

ということはほとんどなく、通常は会議前にあらかた合意内容が決まっている。にもかかわらず、会議が紛糾したというのだから、いったいどうしたことかと、職場で固唾《かたず》を飲んで見守っていた筆者も、深夜まで突き合わされたあげく、何も決まらないという結果に拍子抜けした。

この会議の場で中国代表は、「中国では強力な感染封じ込め措置をとっている。非常事態宣言など問題外だ」と吠え、気まずい雰囲気が漂ったという。すると、さっそく、チャイナマネーの毒が回っていたのだろう、アフリカやアジア各国がこれに追随し始め、やがて「時期尚早」との見解が大勢を占め、不満を述べる欧米組を押し切ったのだという。

すると、今度は心細くなったのだろうか、テドロス氏は非常事態宣言を出す直前の28日になって北京を急遽訪問し、習近平国家主席と会談している。その際の写真を、ご記憶の方も多いと思う。待ち構える習氏に、ウサギがピョンピョン飛び跳ねるようにテドロス氏が微笑みながら駆け寄り、顔面の相好を崩して握手する、あの姿である。

人民日報によると、テドロス氏は「中国は情報公開し、記録的な速さで病原体を見つけた」と、習氏の指導力を絶賛したという。北京みやげは、中国政府からWHOへの新規2千万ドルの拠出金である。もちろん、きわめて個人的で、他人には決して言えないような、豪邸が何軒も建つような黄金色の手みやげも、さぞ、たくさんあったことだろう。

そんなテドロス氏を、WHOだって、ほうってはおかない。2月2~8日、スイス・ジュネーブ本部で開かれた執行理事会の席上、タイ代表が皮肉の効いた演説をして、居並ぶ各国代表たちの喝采を浴びたのだ。そのさまは、風刺に満ちた英国の巨匠、バーナード・ショーも、生きていたら驚きの声を上げただろう。タイ代表の発言は、こうだ。

「議長、旅行制限を確実に実行するなら、まずテドロス事務局長を隔離したうえ、今回の会議を中止にすべきです。事務局長は北京を訪問したばかりです。会議に参加した多くのメンバーの国では旅行制限を実施しています。メンバーらは事務局長とハグしたり、握手したりしています。この人たちはみんなリスクに晒されています。われわれは恐怖を和らげ、WHOの信頼を回復させなければならないのです。したがって、私は中国でWHOの会議を開催することを提案します。武漢でしましょう。今こそ、武漢市にある2千年の歴史を誇る黄鶴楼を訪ねるチャンスです。北京もいいですね。今なら万里の長城にも紫禁城にも人がいないので、入場料も安いです」

最後にタイ代表は、「家内の同意を得られれば、私は半年分の退職金を出して、中国でのWHO会議開催のために寄付しようと考えています。ありがとうございました」と語った。

この様子は、動画サイトのユーチューブでも閲覧可能なのだが、タイ代表が発言を終了した際、前列に座っていたインド代表の大笑いにつられ、他国の代表も一様に大笑いする様子がうかがえる。このタイ代表に盛大な拍手が送られたところを見ると、チャイナマネーの毒が回ったテドロス事務局長ら執行部の面々への信頼は、すでに地に堕ちていると言えるだろう。

新型コロナウイルスとの戦いは長丁場となる。こんなWHOに振りまわされることのないよう、日本は米国や台湾など、同盟国や友好国と情報を共有しながら、日本に見合った対策を講じていく必要がある。

アフリカの資源を笑顔で奪い取る中国

アフリカ大陸東部にあるエチオピアには、アフリカ連合（AU）の本部があり、各国の大使館も集中する。このAU本部は、中国が費用を全額負担して寄贈された。アフリカの中でも、エチオピアへの中国からの巨額支援は突出し、ナイジェリア、アンゴラに次いで3番目の支援を受けている。

中国は過去20年間、アフリカでの存在感を増大させてきた。米国の保守系シンクタンクで経済研究機関の「AEI（アメリカン・エンタープライズ）」によると、中国は2005年〜18年の間、海外投資や海外での建設事業に対し、計1兆8700億ドル（約200兆900億円）を拠出している。

このうち、2980億ドル（31兆8800億円）がサハラ以南のアフリカ向けであり、アフリカは中国にとって、アジア、欧州に次いで3番目の投資先となっていた。

現在、アフリカにとって中国は、インフラ投資の最大のパートナーであり、中国の投資額はアフリカ開発銀行（ADB）、欧州連合（EU）、国際金融公社（IFC）、世界銀行、先進7

カ国（G7）にロシアを含めたG8の投資総額を上回っている。中国の投資は、アフリカの債務全体の5分の1を占め、国際通貨基金（IMF）などは、アフリカ諸国の返済能力に懸念を示して久しい。

アフリカにおける中国の投資先の、1位はナイジェリアで492億ドル（5兆2600億円）、2位がアンゴラで245億ドル、3位のエチオピアは236億ドル。事業別では、道路、鉄道、橋などの交通インフラと、ダムなどのエネルギー関連がそれぞれ全体の3分の1を占め、鉱業がそれに続いている。

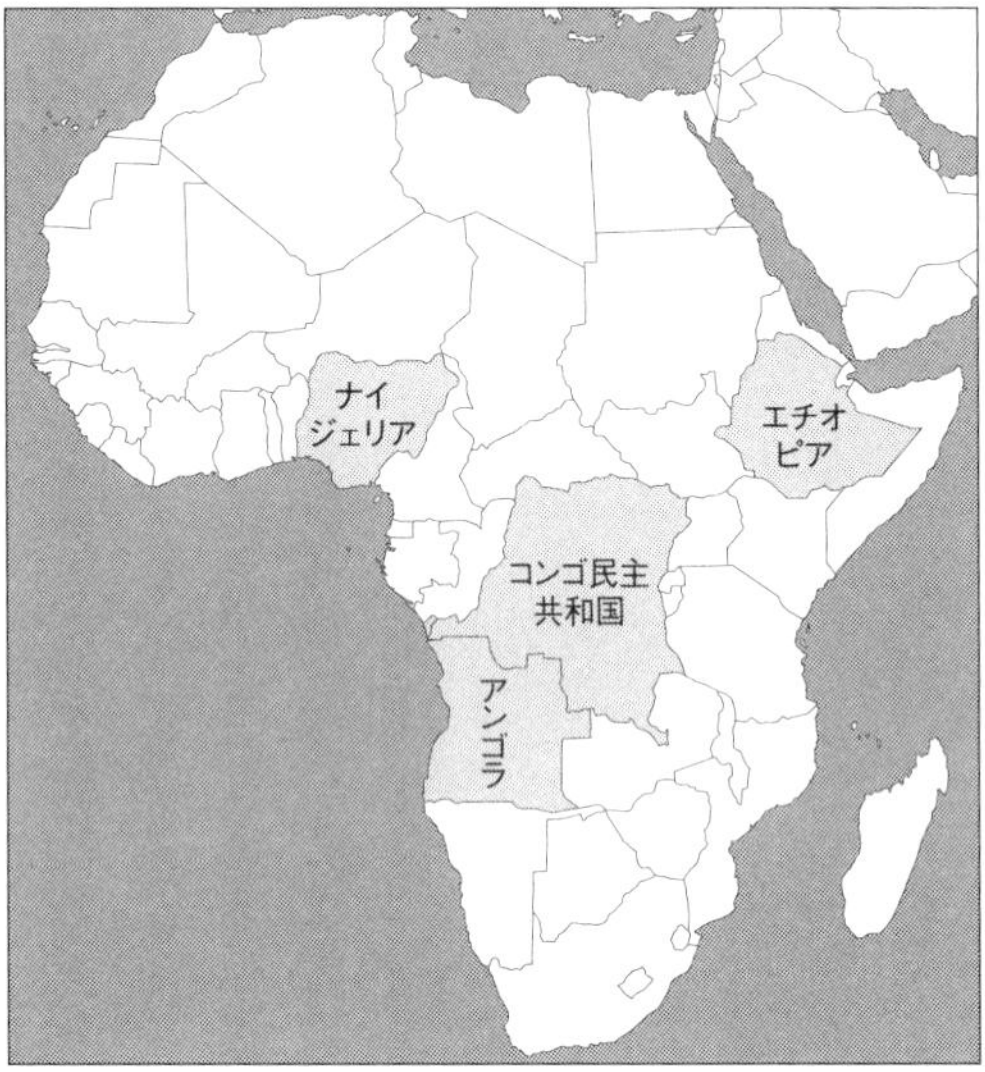

風力・水力発電所や工業団地、初の人工衛星の打ち上げ、ダム、アディスアベバ国立競技場、ジブチ・エチオピア鉄道とボレ国際空港の近代化、携帯電話工場、通信網の整備など、中国からさまざまな援助を受け入れたエチオピアは、中国の植民地と化した。大統領を務めたムラトゥ・テショメは、中国に留学した経歴を持つ。

欧米など自由、民主主義国家への留学と違って、共産党独裁国への「留学」である。自分のものは自分のもの、他人のものも自分のもの——という中国式の世界観を植え付けられ、中国共産党への愛着と憧憬の念、さらには忠誠心をつちかってきたことは想像に難くない。

今でも、中国の掲げる巨大経済圏構想「一帯一路」の優等生であるエチオピアだが、その実態は非常に危うい。世界銀行は、2016年のエチオピアの対外債務残高は、8年前の約8倍に当たる約220億ドル（約2兆4200億円）になったと指摘する。国連貿易開発会議（UNCTAD）が2020年1月に公表した「世界投資の傾向」は、19年のエチオピアへの直接投資流入額を25億ドルとしており、このうち60％は中国によるものとしている。

エチオピアでは近年、アパレル向けの工業団地が10カ所ほど立ち上がった。名だたるブランドの下請け工場がある、先述のイタリア北部ロンバルディア州と、構図は同じである。エチオピアにも中国人が多く移住しており、これも、新型コロナウイルスの感染爆発で医療崩壊を起こしたイタリア北部と同じである。

政府は、国内総生産に占める製造業の割合を14年度の4・8％から、25年には18％まで引き上げる目標を掲げる（朝日新聞2018年11月23日付 電子版）。これを後押しするのが中国だ。工業団地周辺の道路や鉄道、送電網などに融資し、中国人労働者を動員して、これらを建設する。1992年から2015年までの中国による投資額は、世界最大だ。移住した中国人は6万人とも言われる。

一方、西アフリカ最貧国のシエラレオネは2018年、新空港建設のための資金の融資契約を、中国輸出入銀行と締結した。だが、その数カ月後ことだ。工費推定4億ドル（428億円）とされた「マママ国際空港」の建設計画が立ち消えとなった。シエラレオネ新政府が、契約は不経済だとして破棄したのである。新政権は、新空港を建設するのではなく、既存の活用されていない空港を利用することを優先させたのだ。このようなケースは、枚挙にいとまがない。

では、中国の支援がアフリカで2番目に多いアンゴラはどうか。

1975年の独立以前に旧宗主国のポルトガルが整備したインフラは、30年近くに及ぶ内戦でその大半が破壊されたが、50社を超す中国企業や400社の民間企業がスタジアムを建設し、道路を整備した。資金は、アンゴラが産出する原油代だ。アフリカ2位の産油国であるアンゴラの原油は、毎年520億ドルの収入を生み出している。中国にとって、アンゴラはサウジアラビアに次ぐ第2の石油供給国であり、収入の大部分を、中国向けの原油輸出で得ているのだ。AU本部があり、アフリカのリーダー格であるエチオピアに加えて、原油産出国のアンゴラ。中国が、いかに戦略的に金を投資しているかが分かるだろう。

アンゴラ・モデル。中国のこうしたやり方を、世界銀行はこう呼んでいる。平たく言うと、原油とインフラ整備の交換である。

中国とアンゴラの共通点は、共に独裁国家だということである。ジョゼ・エドゥアルド・ドス・サントス大統領率いるアンゴラの独裁政府が、2004年以降、強力に推進してきたのが、この経済モデルである。

もう少し具体的にこのモデルを説明すると、アンゴラと中国の簡素な政府間協定に基づき、中国企業はアンゴラ全土で建設事業を遂行し、中国輸出入銀行からその支払いを受け取る。アンゴラは、自国の国営エネルギー企業ソナンゴルとその子会社を通じ、中国の融資返済に必要な規定量の石油を供給する、という仕組みだ。

注意したいのは、「双方に利点があるから定着している」という事実である。基本インフラを再構築する必要に迫られている、資金も労働力も足りない国々にとっては、簡単で迅速な結果が得られる上に、中国と協力すれば、非常に有利な条件の融資を得られるのだ。このモデルなら、腐敗した政権幹部に貸付金を吸い上げられるリスクも低く、資金が銀行から業者に直接送金される。つまり、公共事業に使われる莫大な資金が政府高官の懐に入ったあげく、スイスやケイマン諸島の銀行口座に流れるといったような事態も防げるのだ（ファン・パブロ・カルデナル、エリベルト・アラウホ共著『進撃の華人』講談社）。

旧宗主国のポルトガルをはじめ、世界が座視していたわけではなかったのだが、隙はあった。

パリ・クラブ（債権国会合）やIMF（国際通貨基金）などの国際機関は、世界で最も腐敗した国の一つであるアンゴラの政治、財政、経済の改革を要求し、アンゴラの累積債務救済前に、融資の一部を先に返済させようと、2004年3月まで駆け引きを続けていた、ちょうどそのタイミングに中国が登場し、20億ドルの新規融資を表明して、あっさり決着がついてしまったのだ。中国は「ロンドン銀行間貸し手金利（LIBOR）」プラス1・5％の利率と、12年の返済期間（4年の猶予期間を含む）という好条件を提示し、アンゴラは首尾よく債務を免れたのである。

こうして、アフリカ屈指の産油国を札びらで籠絡した中国は、直後の2004年7月、中国石油化工集団を使って、シェルが保有していたアンゴラの石油開発鉱区「ブロック18」の株式を取得し、深水油田を獲得した。これも、中国の対アンゴラ信用供与の見返りと見られる。

さきに紹介した『進撃の華人』を書いた両者は、スペイン・バルセロナ生まれのジャーナリストで、共著者の一人、ファン・パブロ・カルデナル氏は、スペイン全国紙「エル・ムンド」、経済紙「エル・エコノミタ」の、中国特派員経験者だ。

同著は、こうした中国によるアフリカ進出の方法について、アンゴラ政府の不法行為を取材し続ける地元記者の言葉を借りて、「中国がやっていることは新たな植民主義だ。中国国際基金はアンゴラで大掛かりな建設事業に着手したが、一つとして引き渡していない。ただの一つもだ。そもそも本当に融資しているのだろうか」と言わしめている。

もう一つ、中国の毒牙にかかったアフリカの国を紹介しておきたい。コンゴ民主共和国（以下、コンゴ）だ。ベルギーを旧宗主国とするこの国と2008年に締結した協定で、中国は「コンゴの発展に不可欠なインフラ構築の責任を負う代わりに、今後30年間コンゴに眠る膨大な銅とコバルトを開発する権利」を得た。要するに、アンゴラの原油を狙ったのと同様、インフラと引き換えに鉱物資源を得るのが狙いである。

政治的、経済的に混乱期にある国、とりわけアフリカ諸国に目をつけ、長期リスクが大きく巨額の支払いに応じる国がないのをいいことに、笑顔で援助を申し出る。無論、タダではなく、地下資源はしっかりいただく段取りであることは、どこの国に対しても共通している。

前述のカルデナル氏らの現地取材によると、首都キンシャサの目抜き通りは、独立を記念して「6月30日通り」と名付けられているのだが、これが天安門広場そっくりなのだという。

問題は、コンゴが中国に騙されているのではないかという疑惑だ。

コンゴの鉱山開発で得られる資源価値が、投資額を大幅に上回るというのである。さらに問題なのは、貸し手と売り手、顧客が同じ法人、すなわち、いずれも中国系であることだ。ほとんど詐欺みたいなものである。地下資源を自分で自分に売りつけ、インフラを整備するというのだから。

コンゴも、そうした中国のウソに気づき始めた。コンゴ国会議員のジェローム・カマテ氏は、カルデナル氏の取材に対し、「中国は資源を根こそぎ持ち去り、コンゴのインフラは使用されないだろう」と語っている。中国はコンゴから、電気ケーブル、光ファイバーの材料、武器生産に欠かせない銅の長期供給を確保し、貴重なコバルトも手に入れた。特にコバルトは、携帯電話やノート型パソコン、自動車のバッテリーには不可欠だ。

チャーム・オフェンシブ。繰り返しになるが、その意味は、「友好的な態度を示しながら、相手に切り込んで本来の目的を達する」ことだ。

天然資源と引き換えに中国が開発途上国にすり寄る手法は、まさにこの、チャーム・オフェンシブなのである。甘言を弄しながら中国自身の利益しか考えない。いかにも中国らしい、あこぎなやり方である。もちろん、融資を受け、インフラ整備をしてもらう側にとっても、悪い話ばかりではない。

しかし、日本を含めた西側諸国が気をつけねばならないのは、先述したように、こうした中国のやり方が、アジア、アフリカ、中南米といった途上国の独裁政権にとっては、どこまでも魅力的であることだ。だからこそ、富める独裁国家中国が、貧しい独裁国家の為政者を買収し、天然資源を根こそぎ簒奪《さんだつ》するような手法が、まかり通っているという事実である。そこには、成熟した市民社会もなければ、政権を監視するためのジャーナリズムもない。いわば、投資する中国も、買いたたかれる貧しい独裁国家も、やりたい放題だということである。自由や民主主義といった日本や欧米に共通の価値観は、絶対ではなかったのである。

このように、不透明で、中国に圧倒的有利な契約は、甘言のオブラートに包まれた「静かなる侵略」でもあったのだ。

反政府ゲリラ出身のテドロス氏と中国共産党の融和性

さて、そんなエチオピアで育ったテドロス氏は、医学生時代に、エチオピアの反政府ゲリラに加わっている。

当時エチオピアは70年代に帝政が倒れ、ソ連の支援を受けた社会主義独裁のメンギスツ政権が発足し、内戦が続く飢餓大陸と呼ばれていた。

筆者の若いころの記憶をたどると、エチオピアと言えば、当時のパキスタンと並び、栄養失調で下腹が大きく膨れあがった子供の写真を、新聞やテレビで連日のように見せられていたのを覚えている。

テドロス氏が加わったゲリラ組織は「エチオピア人民革命民主戦線」となり、中国や米国の支援を受けて1991年、メンギスツ政権を倒し、政権についた。中ソ対立時代のことで、米中相乗りによるクーデターだった。

政権内で保健衛生を担当していたテドロス氏は、保健相から外相にまでのぼりつめる。彼が所属していた人民革命民主戦線は、元々マルクス主義政党であり、中国の支援も受け、毛沢東思想の影響もあったという。だからなのか、新政権はマルクス主義こそ放棄したものの、中国との関係は尋常ならざるものとなっていった。

WHOと中国の関係というのは、とどのつまり、テドロス氏と中国の関係なのであり、エチオピアと中国の、ズブズブの関係そのものなのである。

コロナ禍における、WHOによる過剰なまでの中国賛美について、WHOの元法律顧問、ジュネーブ国際開発高等研究所のジャンルカ・ブルチ非常勤教授が、興味深い内容を証言している

（月刊「正論」2020年5月号）。ブルチ氏は2005年～16年まで、法律顧問として前事務局長のマーガレット・チャン氏（香港出身）のもとで勤務した。

そのブルチ氏は、「テドロス氏が政治家みたいな言動で中国賛美を繰り返すのには驚いた。理由を憶測したくないが、少々過剰だった」とし、「そもそもWHOは、他の国連機関がそうであるように、政治的な意味合いが強く、緊急事態宣言の発出についても、純粋に技術的なことと捉えるのは幻想だ」としている。

悪い冗談みたいな話がある。米国のトランプ大統領が「WHOは中国寄りだ」と批判すると、「政治家」テドロス氏は「遺体袋を増やしたくなければ、政治問題化を控えよ」と、まるで中国政府や北朝鮮当局のような下品な反論を展開した。開いた口が塞がらないとは、このことである。

WHOをはじめとする国際機関は、「要請」と言えば聞こえは良いが、実際のところは中国の「圧力と恫喝」を受けて、台湾を排除し続けている。WHOでは2016年以降、台湾のオブザーバー参加さえ認めていないのが実態だ。

実は、テドロス氏は2017年、WHO事務局長選挙の土壇場で、対立候補だった英国のデビッド・ナバロ氏の顧問の一人に、エチオピアで発生した3度のコレラ大流行を隠蔽したと非難されたことがある。しかし、基本医療を充実させた――とか何とか言い逃れ、保健相として立派な業績を残したとのたまい、なおかつ、虚像であるこの「実績」を引っ提げて、WHOを同様に改革していくと豪語したのである。そして、後ろ盾の中国にAU票をまとめてもらい、事務局長の座を射止めた。

さすが中国共産党仕込みというか、反政府ゲリラ仕込みというか、ただでは起きないのが、テドロス氏なのだ。

だが、あきれている場合ではない。チャイナマネーにまみれた国出身の事務局長であり、同情は無用である。早くこの男をWHO事務局長の座から引きずり降ろさなければ、いつまでたっても世界は正常化、いや、パンデミックから清浄化されないであろう。

さらに、テドロス氏の嫌らしさは、自らの「肌の色」を駆け引きの材料に使うところにある。2020年4月8日の記者会見では、3カ月前からインターネットで人種差別的な中傷を受けていると明らかにした上で、「攻撃は台湾からも来た。台湾の外交部は知っていたが、何もせず、むしろ私を批判し始めた。だが、気にしていない。……私は黒人であることに誇りを持っている」と主張したのだ。

中国外務省報道官もすぐに呼応し、「テドロス氏に対する人身攻撃と人種主義の言行を強く非難する」と述べつつ、台湾がWHO参加を求める目的は「独立」にあるとし、断固反対すると語った。

見事なまでの連携プレーである。テドロス氏と中国が一体であることを、如実に示した事例だ。国際社会が結束して感染症と戦う、その先頭に立つべき機関のトップが、一国の政治的な思惑に左右されている。もし筆者がこのときのテドロス氏の立場だったら、いつもは批判する中国政府も、救世主よろしく、とても頼もしく見えたことだろう。

無論、人種差別は今も将来も、決してあってはならない。それがネット上ではびこるのは、見るに堪えない。だいたいが、身分を隠して、匿名で誹謗中傷する。しかし、証拠も示さずに「人種差別をする誹謗中傷が台湾からも来た」と言い放つ姿は、国際機関の責任ある立場の人間が言うセリフではない。卑怯である。自分の肌の色への攻撃を持ち出せば、だれもそのことに反論できないということを知っていて、それを口にするからである。当然、WHOの運営やパンデミックへの対応、中国との距離感への批判を封じる狙いがあってのことだろう。

この時点で、テドロス氏の、国際機関事務局長としての信頼と信用は「ジ・エンド」である。しかし、さはさりながら、肌の色に関する、世界に与える誤解への影響は大きい。

一方、こうした事態を重く見た台湾の捜査機関、法務部調査局は、2日後の10日、台湾から中傷が行われた根拠は見つかっていないと反論している。逆に、ツイッター上に「台湾人を代表して謝罪します」といった、同じような定型の書き込みが100件以上投稿され、アカウントを分析した結果、中国人のユーザーがこうした書き込みをした疑いがあると指摘している。

蔡英文総統も即座に反応し、9日、自身のフェイスブックに「台湾は長年、国際組織から排除され、誰よりも差別と孤立の味を分かっている。テドロス事務局長にはぜひ台湾に来てもらい、差別を受けながらも国際社会に貢献しようと取り組む姿を見てほしい」と書き込んだ。台湾外交部も同日、テドロス氏の根拠のない告発に対し、「深い遺憾の意と強烈な抗議を表明し、発言を訂正するとともに、台湾の人々に謝罪するよう要求する」との声明を出した。

民間の台湾人も黙っていない。米紙ニューヨーク・タイムズに、テドロス氏への悪意ある攻撃に反論する記事を載せるため、発起人が募金を募ったところ、2万7千人が賛同し、日本円にして6800万円が集まった。さて、この浄財はきちんと活かされたのだろうか。

そこは、中国と違って台湾である。4月14日付のニューヨーク・タイムズ朝刊の全面広告を見事に飾った。これがなかなか、よくできたキャッチコピーなのである。

広告左上に「WHO can help?」という1行見出し。あれ? これだけか? と思いながら、視線を空欄が続く下半分まで落とすと、右側に「Taiwan」と答えが書いてある。さらに、小さな文字で左下に、「孤立した時代に、私たちは連帯を選択する」という文章が続く。

言うのも野暮だが、「WHO」とは、世界保健機関と、疑問詞の「だれ」を意味する「Who」を掛けたものである。実に洗練された反論広告ではないか。

広告掲載のタイミングは、これ以上にないほどバッチリだった。トランプ米大統領は、広告掲載と同じ14日、WHOへの資金拠出を停止するよう指示したと表明した。ふだんは「フェイク記事」と批判してやまない同紙を読んで意を強くしたわけでもなかろうが、トランプ氏は、新型コロナウイルス対策において「WHOは基本的な義務を果たさなかった」と述べている。

アメリカは国連機関のＷＨＯにとって最大の資金拠出国であり、２０１９年は、ＷＨＯの年間予算の15％弱に当たる4億ドル（約４３０億円）を拠出している。

こうした中、米共和党議員団はその2日後、ＷＨＯに拠出金を出すならば、テドロス氏を解任すべきであるとの提言を、トランプ大統領に提出した。

米下院外交委員会のマイケル・マコウル筆頭理事ら17人は、パンデミック対策にはＷＨＯ改革が不可欠であるとし、「テドロス氏は、その事務局長としてふさわしくない。ＷＨＯ指導者としての能力への信頼を失った」と主張している。そして、「テドロス氏は中国政府を信頼したり、ウイルスの感染しやすさに関する台湾の警告を無視したりしたくて、仕方がないのだろう」と批判した。

提言はまた、「急速な感染拡大と新型コロナウイルスの人から人への感染に関する明らかな証拠があったにも関わらず、パンデミック宣言を遅らせた」と非難している。実際、ＷＨＯがパンデミックを宣言したのは、3月14日のことだ。すでに１１４カ国で感染が確認され、４５００人が死亡した後のことだった。

中国に買収された国連とＷＨＯ

戦後、長年にわたって、自らが途上国であることや欧米主導の運営を理由に、国連への資金拠出を出し渋っていた中国が、国連や国際機関の重要ポストを占める旨味に気づいたのは、２００２〜3年に流行したＳＡＲＳ（重症急性呼吸器症候群）がきっかけだ。日本がその実態から目を背け、国際協調を象徴する舞台として神聖視してきた国連や国際機関が、中国の毒牙にかかり、今や中国に都合の良い組織に変質しつつあるのだ。

胡錦濤政権当時、広東省から世界に広がったＳＡＲＳ禍は、ＷＨＯから情報の隠蔽を暴露され、中国を「責任ある大国」の地位から引きずり下ろした。このとき、衛生相と北京市長を更迭したのは、よくあるトカゲの尻尾切り。

ちなみに、中国・武漢発祥の今回の新型コロナウイルスでも、中国共産党は2月、湖北省の蒋超良党委員会書記を更迭し、後任に応勇上海市長を起用した。武漢市の馬国強党委書記も更迭している。いわゆる、見せしめ人事である。分りやすいと言えば、分かりやすい。手のひら返しである。緻密に計画した上で行動を起こしているかのように見える中国共産党だが、政敵や敵対的な国に対して口汚く罵ったりと、子供っぽいところもある。

そうであるがゆえに、メンツにこだわる中国は、こうしたＳＡＲＳなど、過去の経緯を教訓とした、というより、味をしめたのだろう。だからこそ、ならば自らがＷＨＯに影響力を行使しようとばかり、２００６年のＷＨＯ事務局長選挙で、香港出身でＷＨＯ事務局長補のマーガレット・チャン氏を当選させたのだ。ちなみに、このときの選挙でチャン女史に敗れたのが、今回、政府のコロナ対策専門家会議で副座長を務めた、尾身茂《おみしげる》氏である。

2009~10年に新型インフルエンザ（H1N1）が流行った際には、北京政府の意向をしっかりとくみ取ったチャン氏は、即座に緊急事態宣言を発出した。これは、感染源が北米やメキシコとされたことを踏まえた措置だった。

さらに、2017年には、インフラ整備などで首根っこを捕まえたエチオピアから、元反政府左派ゲリラだったテドロス氏を、事務局長に送り込むことに成功したのである。

中国の国際機関への攻勢は、これにとどまらない。その後、2019年6月の国連食糧農業機関（FAO）の事務局長選では、中国の屈冬玉農業農村次官が圧勝した。決選投票は中国、ジョージア（グルジア）、フランスの3候補の戦いとなり、米欧の票が割れる一方、中国は直前に辞退したカメルーンのおかげで、アフリカ票をまとめることができたのだ。

だが実際には、すでに根回しは終わっていた。産経新聞パリ支局長の三井美奈特派員によると、この年の1月に楊潔篪・共産党政治局員がカメルーンを訪れ、7800万ドルの債務軽減を約束していたのである。さらには、決選投票を前に、中国は支持を約束した各国に対し、屈氏に入れたことを示す投票用紙を写真に撮るよう、求めたという。

投票所への携帯電話やカメラの持ち込みはもちろん禁止されていたが、やりたい放題のお構いなし――というわけで、中国の注文通りに、アフリカ諸国の汚れた票が屈氏に集まったのだという（月刊「正論」2020年5月号）。

また最近も、中国が国際機関の乗っ取りを画策する象徴的な動きがあった。2020年3月に行われた世界知的所有権機関（ＷＩＰＯ）の次期事務局長選だった。中国はＷＩＰＯの事務次長だった王彬穎氏を擁立した。

これに対し、超党派の米連邦議員は、華為技術（ファーウェイ）がＷＩＰＯの国際特許制度で最大の恩恵を受けていることから、連名でトランプ大統領に書簡を送り、日本など同盟国とともに王氏選出の阻止を訴えた。

米国人のジェームズ・プーリー元ＷＩＰＯ事務次長は、面白いことを言っている。

「王氏を事務局長にしてしまうことは、鶏小屋にキツネを放り込むようなものだ」

選挙前は、例によって、途上国に経済支援や債務減免を持ち掛けて支持を働きかけた中国側の、大幅リードが伝えられていた。これを巻き返したのが、米国や日本など西側同盟国だ。

サイバー攻撃による米企業の秘密情報の窃取など、中国による知財（知的財産）侵害で、米国は年間２２５０億ドル（約24兆円）から６千億ドル（約64兆円）の損失を強いられており、こうした知財をめぐる問題は米中摩擦の最大の課題だ。中国人の王氏が事務局長に就任すれば、知財に関わる情報が中国に流れる恐れがあり、米紙は「銀行の頭取に強盗を選ぶようなもの」と報じていた。

日本も、特許庁出身で、ＷＩＰＯ特許協力条約法務・国際局上級部長の夏目健一郎氏を擁立する方針だったが、これを2月に取り下げ、米国とともにシンガポールの特許庁長官、ダレン・タン氏を応援した。もちろん、中国に対抗するため、米国などと足並みをそろえる必要があったからだ。

結果は、最終的に王氏とタン氏の一騎打ちとなり、55票対28票の大差で、タン氏が勝った。中国の知財侵害に対する不満は、米国はじめ多くの先進国で根強い。「事務局長選挙を米国が政治化した」と中国が反発した通り、今後、中国の巻き返しは必至だ。

ここで改めて注意したいのは、今見てきたように、中国共産党政権は、「戦略的に」国際機関への浸透を進めているということである。現在、国連の専門機関は15あり、そのうち4機関のトップを中国人が占める。問題は、中国は明確に国際機関を政治利用しようとしている点である。それは、前出のFAOやWIPOなどの選挙で、中国のなりふり構わぬ選挙工作を見てきた通りである。

例えば、世界の航空安全を推進する国際民間航空機関（ICAO）は、中国人の柳芳事務局長が就任してから、総会などでの台湾のオブザーバー参加を認めなくなった。また、国連ではないが、中国人の孟宏偉氏が総裁だった際の、国際刑事警察機構（ICPO）の動きも、欧米諸国からは「政治利用だ」との批判を招いた。

航空安全や公衆衛生といった、国境を超える課題への取り組みが、中国によって政治的に歪められ、国際機関への信頼が損なわれてきた。

アフリカをはじめとする途上国ばかりではない。チャイナマネーに汚染されつつあるのは、国際機関も同様なのだ。いわば、国際社会を相手にした「目に見える、静かなる侵略」である。

中国がＷＨＯトップにテドロス氏を送り込んだ一件のように、災厄に襲われて初めて気づくようでは、自国民を守れない。そんな当然のことを、新型コロナウイルスによって、日本をはじめとする世界各国は、痛いほど分かったのではないか。自国の国益を考えれば、中国の腹黒い魂胆に対し、見て見ぬふりは許されないのである。

第四章　新型コロナは「中国製《メイド・イン・チャイナ》」なのか

くすぶり続ける生物兵器説

新型コロナウイルスが生物兵器であるという疑惑や噂がかまびすしいが、一つだけはっきり言えることがある。

将来にわたって「真相」は藪の中であり、決して表には出てこないだろうということだ。アメリカのテレビドラマ風に言えば、未解決で迷宮入りの「Xファイル」入りである。

それが証拠に、疑惑の焦点となっている中国科学院の武漢ウイルス研究所は、パンデミックになる前の2月、新型コロナウイルスが研究所でつくられ、それが流出したという可能性を、早々と否定しているのだ。

また、中国外務省で「戦狼」の異名をとる趙立堅報道官も、研究所から新型コロナウイルスが流出したとの説を、たびたび否定している。
なぜ、研究所から流出したのではないと「断定」できるのか。彼らが肯定するはずはないが、否定するのも早過ぎる気がする。ただ、新型コロナウイルスの発生源がこの研究所だという証拠が何ひとつ出ていないのも、また事実である。

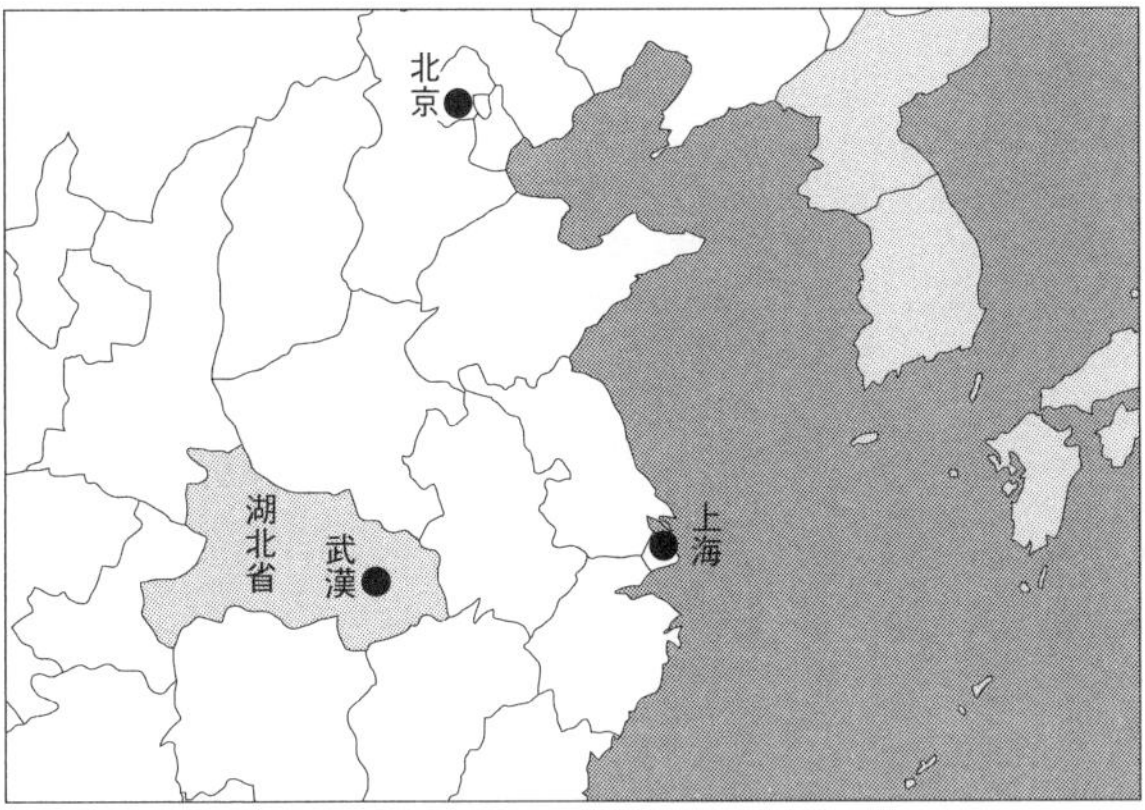

それはともかく、この、疑惑の渦中にある武漢ウイルス研究所とは、いったい、どのような施設なのだろうか？

公式ウェブサイトによると、研究所内には中国ウイルス培養物保存センターがあり、このセンターはアジア最大のウイルス保管施設で、１５００株以上を保管しているという。２０１５年に、バイオセーフティレベル（ＢＳＬ‐４、Ｐ４）を扱える最高水準の安全性を確保した実験室が完成し、18年に稼働を開始した。

このＢＳＬは、ＷＨＯが制定した実験室生物安全指針に基づき、扱う病原体によって４つに分けられている。

そのうちＰ４は、人から人への感染の危険性が最も高いウイルスを指し、天然痘やエボラウイルスなど、ワクチンや治療法の少ない病原体を扱っている。地元ではＰ４ラボ

（P４実験室）と呼ばれ、有名な施設だった。

このP４ラボの建設に当たっては、仏バイオ企業の創業者アラン・メリュー氏が顧問を務めた。同研究所では、P３ラボも12年に稼働を開始している。だが、最近AFP（フランス通信）の記者が同研究所を訪れたところ、内部に人の動きは見られなかったという（AFP＝時事２０２０年４月20日付）。

フランスは、近代細菌学の開祖にして生化学者、細菌学者のルイ・パスツールを生んだ国である。だから、米国任せではなく、責任を持ってP４ラボで何が起きたのか、そもそもどういう施設だったのかを明らかにする義務がある。もっとも、４月時点でのフランスと中国の関係は険悪そのものであり、P４ラボをめぐって協力して何かをできる状態から、ほど遠かった。

逆に、フランス外務省は４月14日、新型コロナウイルスをめぐる在仏中国大使館の数々の発信を問題視し、中国大使を呼んで正式に抗議したことを明らかにした。仏外務省が発表した声明の中で、ルドリアン外相は「中国大使を今朝呼び出し、最近のコメントについて私の非難の意を明確に伝えた」と述べている。

在仏中国大使館は、その数週間前から、新型コロナウイルス危機に対する欧米諸国の対応を批判する一方で、中国が新型ウイルスをおおむね封じ込めることに成功したと喧伝する、大々的なPR活動を展開していた。しかも、12日には公式サイトに「歪められた事実を正す　―パリ駐在外交官の見解」と題する長文を掲載し、新型ウイルス流行に対する欧米諸国の対応が遅いと、厳しく批判したのだ。

そこには、独裁国家中国の政治体制の優位先をアピールする狙いがあったと見られる。批判文で彼らは、フランスの高齢者福祉施設のスタッフをやり玉に挙げ、「夜勤を放棄し、入居者らを飢えと病気で死なせた」と酷評した。

武漢ウイルス研究所

さて、少し話を戻し、さきほどの「BSL-4」とか「P4」の表記について整理しておきたい。まず、「P」は、物理的封じ込め physical containment の頭文字である。だが、これが病原体 pathogen のPだとか、防御レベル protection level のPだとか言われはじめてから、混乱が起きた。そこで現在は、国際的にバイオセーフティレベル Biosafety Level 略してBSLが、広く用いられるようになった。すなわち、P4実験室とは、BSL-4実験室のことである。

発生直後からネット上では、武漢ウイルス研究所が、当初感染源とされた武漢市内の海鮮市場から32キロの距離にあることを踏まえ、この研究所から漏れたウイルスが、実験動物などを伝わって海鮮市場に広がったと見る説が拡散した。

これに対し、中国当局は、新型コロナウイルスは、武漢の海鮮市場で動物から人へと感染した可能性が高いと、こうした生物兵器説を否定していた。

武漢ウイルス研究所（公式ＨＰより）

そして、真偽不明のまま推移していた矢先、米紙ワシントン・ポストとＦＯＸニュースが「情報筋の話」として、新型ウイルスがこの研究所から誤って流出した可能性があると報じ、武漢ウイルス研究所真犯人説が、にわかに信憑性を帯びてきたのである。

ワシントン・ポスト紙が入手した外交公電では、当局者らが特に、ＳＡＲＳ（重症急性呼吸器症候群）に類似したコウモリコロナウイルスの取り扱いをめぐる安全対策の不備に、懸念を示していたという。一方のＦＯＸニュースは、研究対象だったコウモリ由来のウイルス株に感染した人物が「０号患者」となり、そこからウイルスが武漢の住民に広まった可能性があると伝えた。

もっとも筆者は、ネットの動画チャンネルＡＪＥＲという番組（1月27日放送）で、すでに武漢ウイルス研究所の存在に言及していたので、「何をいまさら。遅い」という感じではあった。もちろん、多方面からこうした指摘が出てくるのは、真相を究明するという意味では大歓迎であり、米国の総力を挙げた究明に期待したいところである。

さきのポスト紙によると、米外交官らは、この研究所の安全性と管理体制には脆弱性があり、支援が必要だと指摘する警告を2件、本国に打電している。また、この研究所が行っていたコウモリのコロナウイルスの研究が、SARSのようなパンデミックを起こしかねないと、視察した米当局者たちが懸念していたということを伝えている。

実はこの研究所、米政府や民間の研究施設からも資金提供を受けているのだ。だからこそ、研究所を視察した米外交官は、追加支援の必要性を訴えたのである。

マイク・ポンペオ国務長官は、ウイルスの出所をめぐり、米政府が「徹底的な調査」を行うことを表明し、「中国は知っていることを明らかにすべきだ」と語るなど、生物兵器陰謀説が、陰謀ではなく、にわかに信憑性を帯びる展開となりつつある。

真相の解明には、現地査察するのが一番なのだが、中国政府はプライドにかけても、国際査察団のようなものは受け入れまい。仮に受け入れたとしても、研究所が感染源であると疑われるような証拠は一切処分し、潔白を主張するパフォーマンスに仕立て上げるだろう。

基本的に調べるべきポイントは、研究所にはだれが入れるのか、研究員や技術者がどういう訓練を受けているのか、さらには、記録の取り方、標識の付け方から病原体の在庫リスト、事故時の対応訓練などであろう。

しかし、中国が、研究所が原因であると認めたがらないのも、不自然と言えば不自然だ。SARSなどの研究を行っていれば、免疫や抗体、ワクチン研究のために、遺伝子レベルの実験は当然するだろう。人為的に何か特殊なウイルスをつくることが仮にあったとしても、それを兵器化する意思がなければ、何ら問題はないとは言えないまでも、ひた隠しにする理由もなかろう。ヒューマンエラー（人為的なミス）だってあり得るのだから。

スパイ容疑で逮捕された米国人と中国系カナダ人

さて、こうした武漢ウイルス研究所「真犯人説」が消えないのは、それだけが理由ではない。この武漢ウイルス研究所だけではなく、海鮮市場から３００メートルしか離れていない武漢疾病予防管理センターからウイルスが流出した可能性も取りざたされているからだ。それに対する米国人の関与も、疑惑に拍車をかけている。

詳しくは、次章「千人計画」の稿で詳述するが、ハーバード大のチャールズ・リーバー教授が２０１９年12月10日、米東部マサチューセッツ州ボストンのローガン国際空港で逮捕され、21種類の生物学的研究を中国に密輸しようとした罪で起訴されたのだ。米メディアはリーバー教授を、中国の生物兵器スパイであると断じている。教授は、中国の武漢理工大学と共同研究を行っていた。

また、カナダでは、国立微生物学研究所（ＮＭＬ）に所属していた中国出身の科学者２人、夫婦の邱香果氏と成克定氏が２０１９年３月末、北京にエボラ出血熱の生きたウイルスを輸送していたと、カナダＣＢＣ放送が８月２日に報じている。２人が所属する研究所は同年５月、この２人の科学者を解雇し、同じく複数の中国人留学生も解雇、除籍している。

カナダからウイルスが運搬されたと見られる中国の施設は、長春軍医科学院、成都軍事地域疾病管理予防センター、そして、かの武漢ウイルス研究所、北京中国科学院微生物学研究所である。持ち出された先にこうした軍施設が絡むことも、今回の新型コロナウイルスが人為的につくられた生物兵器だったとの疑いを持たせる、立派な理由になっているのではなかろうか。

さて、もう少し詳しく、報道された内容を見てみよう。カナダCBCによると、3月31日、エボラ出血熱およびヘニパ・ウイルスが、エアカナダの一般旅客機で、北京へと輸送された。いずれも人に致命的な疾患をもたらす「レベル4」の病原体だった。2つの病原体は、カナダの知的財産権の保護を証明する文書なしに、研究所の事務的な処理を避けて、北京の中国科学アカデミーに送られた可能性があるという。

妻の邱香果氏は、カナダ国立微生物研究所の特別病原体プログラムの研究室に勤務し、ワクチン開発および抗ウイルス療法担当の責任者だった。また、エボラウイルスについても研究していた。彼女は、2014年の西アフリカでのエボラ出血熱発生時に使用されたワクチン「ZMapp」開発チームの一員でもある。だが、このワクチンを投与された患者7人のうち、5人は生存したが、2人が死亡した。医学誌MDは当時、統計的にこのZMappの有効性を評価できないとしている。

今回のウイルス流出について、国家安全保障の専門家は、「中国の科学者が法律のグレーゾーンを利用して、特許や契約を避け、潜在的に価値の高い病原体あるいは貴重な知的財産を入手した可能性がある」とコメントしている。

一方、中国メディアによると、この邱氏は、カナダ国立微生物研究所を拠点に中国の危険ウイルス研究プロジェクトを積極的に支援し、中国軍事科学院軍事医学研究院の陳薇研究員チームとも共同研究を行っていたという。そして、同チームが開発した遺伝子組み換えエボラワクチン「rAd5-EBOV」は、中国が一帯一路に取り込んだアフリカの最貧国シエラレオネで、患者500人を対象に臨床試験が実施されている。これを、人民日報の海外版は2016年12月、「これは中国のワクチン研究で初の海外進出後の、歴史的な進展だ」と報じた。歴史的な臨床試験なのか人体実験なのか、この国の場合は紙一重なのではないかと、つい勘ぐってしまうのだが、2017年、中国食薬監総局がこのワクチンを承認したところを見ると、真面目な臨床試験だったのだろう。

だが、米国の金融ブログサイト「ゼロヘッジ」は、「新型コロナウイルスが動物から人間に感染したというのは茶番」であるとし、中国の科学者、周鵬氏の研究が感染爆発の背景にあると指摘する。

それによると、武漢ウイルス研究所は中国最高のバイオハザード研究所であり、周氏は、致命的なウイルスを伝達するコウモリの免疫機構を2009年から研究する、中国の第一人者であるという。周氏はエボラ、SARS、コロナウイルスなど、この世で最も病原性の高いタイプのウイルスをコウモリに感染させる方法とそのメカニズムを研究し、超耐性の病原体を作成。

2019年11月、周氏は、自然免疫を克服したコウモリの変異したコロナウイルス株である「スーパー病原体」としてのコロナウイルスとコウモリの感染症に関する研究を支援するため、経験のない研究員らを積極的に採用していたという。

だが、ここまで見てきたように、最終的には真偽不明だし、永遠にXファイル入り間違いなしとなるのだろう。だが、こうした生物兵器説が消えない理由が多々あることも確かなのである。

改めて説明しておくと、「人為的」というのと、「生物兵器」は、似ているようで異なる。「人為的」の場合、あくまで研究目的で遺伝子組み換えを行うことも含まれるが、「生物兵器」の場合、人間の殺傷という政治的、軍事的な意思を伴うからだ。

もしも新型コロナウイルスが「生物兵器」であるなら、武漢市民を中心に、まず中国人が最初に甚大な被害を受けたことを考えると、いかにもお粗末であるし、自爆的である。そんな程度の低い生物兵器などあるのかという疑問も湧く。

さて、ともかくも中国政府は、マスクや医療機器、医師団を世界各地に搬送するなどして「善人」ぶってはいるものの、「放火犯が消防士のふりをしている」（「アメリカ外交政策評議会」のマイケル・ソボリク研究員）という評が、国際スタンダードになりつつある。物資をもらう方は、嫌な気もせず、むしろありがたがるだろうが、こうした中国の政治プロパガンダに惑わされて、この問題をウヤムヤにしてはいけない。第2、第3のウイルス禍を招かないためにも、国際社会は足並みをそろえ、中国政府に対し、（決して認めないだろうが）武漢P4ラボの査察などを通じて、感染源を追及する手綱を一層、締めていかねばならないのである。

「コウモリ女傑」は疑惑を全否定

実は、中国では先述した「ヒューマンエラー」が実際に起きていた。2004年、北京にあるBSL‐3の実験室からSARSウイルスが流出する事件が発生し、責任者が処分されているのだ。中国メディアによると、研究員がBSL‐3実験室からSARSウイルスを持ち出し、一般の実験室で研究をしたことで感染が広がったという。

米国でも同様の漏洩事故は起きている。2014年、首都ワシントン近郊の研究施設で、天然痘ウイルス入りの小瓶の入った段ボール箱が放置されていたのが見つかった。また、15年には米軍が誤って、死んだ炭疽菌サンプルの代わりに、生きたものを、国内9カ所の研究所と韓国の米軍基地に送り付けている。

中国メディア「財新」によれば、武漢ウイルス研究所P4実験室の石正麗を副主任とする研究チームが2017年、複数のコウモリを起源とするSARSコロナウイルスが変異したものがSARSウイルスだと突き止め、この年の1月23日、生物学論文「新型コロナウイルスの発見とそれがコウモリを起源とする可能性について」を、bioRxiv（バイオアーカイブ）に発表している。この石氏は「コウモリ女傑」と呼ばれ、中国政府からも表彰される、著名な研究者である。こうした経緯もあって研究員らは、今回の新型ウイルスの起源はコウモリであり、そこからセンザンコウを中間宿主として媒介し、人へと感染した可能性があると見ている。

センザンコウは、絶滅が危惧されているアルマジロに似た、うろこを持つ哺乳類だ。中国国内では、この硬いうろこが漢方薬の材料として、違法に取引されている。

だが今年1月、英医学誌「ランセット」に発表された中国科学者チームの論文では、最初の感染者と、初期に感染が確認された41人のうちの13人が、ウイルス発生源とされる武漢の野生動物市場とは、つながりがなかったことが明らかにされた。

こうした中、「香江日報」（2020年1月23日付 電子版）は、全米バイオテクノロジー情報センター（NCBI）がウイルスのゲノム配列を読み切り、中国・武漢で発生した新型コロナウイルスが、コウモリが保有するSARS系ウイルスと近種であることを確認したと報じた。

それによると、香港のカドリー農場&植物園の責任者で、コウモリ生態学を専門とするゲーリー・アデス博士は、「コウモリがコロナウイルスを人に感染させる可能性はゼロに近い」と断言し、「武漢の新型コロナウイルスは、ヒトヒト感染能力がある。これは、遺伝子組み換えが人為的に行われた証拠だ。中国武漢市の海鮮市場から出た新型コロナウイルスＱＨＤ43418・1と、コウモリSARS系のようなコロナウイルスＡＶＰ78033・1の外膜タンパク質は、100％同一である」としている。

さらにこの記事は、武漢ウイルス研究所は2007年以降、数千羽のコウモリからサンプルを採取して遺伝子実験を行ってきた。疑われるのは、中国政府が香港の、中国共産党に敵対する香港市民らにこのウイルスを生物兵器として使用して鎮圧し、同時に米国や他の自由主義社会の破壊を企図していたのではないか、ということだと指摘している。だが、その過程で手違いが生じ、致死性のコロナウイルスが中国本土で流出してしまい、自分で自分の首を絞める結果となった、というのである。これに関し、米国東部ニュージャージー州ラトガース大学の分子生物学者で、ワクスマン微生物研究所の研究所長、リチャード・エブライト教授は、さきに指摘した通り、SARS系ウイルスが何度も北京市内にあるウイルス研究施設から流出していると、管理の杜撰《ずさん》さを指摘している。

この記事を書いたチャップマン・チェン博士は、中国学と言語学の教授であり、科学者ではない。ゆえに、中国共産党政権が生物兵器としてウイルスを使用しようとしたという、政治的な意図についての物的証拠は何もない。しかし、このチャップマン博士の論考を「でっち上げ」で片づけるには、30年も教壇に立ってきた実績と肩書に失礼だ。耳を傾ける価値はあると思われる。

P4ラボも「陰謀論」と反論

一方、こうした見方を「陰謀論」だと反論するのが、武漢のP4ラボ側だ。

先述したように、中国を代表するコウモリコロナウイルス研究者の一人であり、武漢ウイルス研究所P4ラボの副所長でもある「コウモリ女傑」こと石正麗氏は、新型コロナウイルスがコウモリ由来であることを初めて示した論文を出した研究チームの一員だ。

米科学雑誌「サイエンティフィック・アメリカン」のインタビューに応じた石氏は、新型コロナウイルスのゲノム配列は、自身の研究所がこれまでに収集・研究したコウモリコロナウイルスの、いずれとも一致しなかったと述べている。英ロンドン大キングスカレッジのバイオセキュリティ研究者、フィリッパ・レンツォス氏はAFPに対し、新型ウイルスが武漢の研究所から流出したとする説には今のところ証拠がないとし、海鮮市場が発生源だとする説にも「確固たる証拠はない」と指摘し、「私にとって、パンデミックの起源は依然として未解決の疑問だ」と語っている。

石氏は2020年2月2日、中国版LINEの「微信（WeChat）」において、怒り心頭の様子でこう語っている。「今回の新型コロナウイルスは、大自然が人類の愚かな生活習慣に与えた罰だ。私、石正麗は自分の命をかけて保証する。実験施設とは関係がない。不良メディアのデマを信じて拡散する人、インドの科学者の信頼できない、いわゆる学術的な分析を信じる人に、ご忠告を申し上げる。お前たちの臭い口を閉じろ」

冒頭の発言だけを聞いていると、研究室で意図的に、人為的に新型コロナウイルスをつくったわけではないという主張が伝わってくる。何でもかんでも野獣を食べる中国人の食生活に問題があり、だから海鮮市場から感染発症したのだ、とも聞こえる。確かに一理あるなと思いながら字づらを追うと、最後に「お前たちの臭い口を閉じろ」と来るのだから、たまらない。

これは、米国など他国を口汚く罵るときの中国外交部と同じ、下品な物言いである。さらに、それを真似た北朝鮮が、よく使う手でもある。これには、今年2月に外交の表舞台にデビューした戦狼外交官こと、趙立堅報道官もびっくりであろう。

こんな物言いをしている限り、まっとうなことを言っていても、石氏が虚心坦懐に真実を語ろうとも、P4ラボから流出していないという「証拠」を見せられない限り、信じる者は、中国共産党礼賛者かパンダハガー以外、限りなくゼロに近いと思われる。

石氏は「コウモリ女傑」と言われるほどだから、相当に知能も高く、世界でも屈指の研究者に違いない。しかし、その場を逃れ、延命を図ろうとするときの中国人は、日本人では計り知れない行動を取る民族気質があるという（前出の旧日本陸軍大尉・長野朗著『支那三十年』）。つまり、全力でウソをつくのである。この石氏がそうだとは言わないが、かといって額面通りにも受け取れない。何しろ、「お前たちの臭い口を閉じろ」と、ビデオ画面に向かって平気で語る人物なのである。

こうしたことを物語る身近な例だと、都内で万引きの現行犯を店側に見つかった中国人女性は、「商品が勝手に手提げ袋に入った」などと、およそあり得ないウソをついて、その場を取り繕おうとするのだという（坂東忠信・元警視庁通訳捜査官の講演録より）。

さて、こうした石氏の上司である武漢ウイルス研究所の幹部、袁志明氏も2020年4月、中国国営テレビのインタビューで、「人々が同研究所に疑問を抱くことは理解できるが、このウイルスがわれわれの研究所から出現したなどということは、あり得ない」と述べている。

国営テレビに堂々と出演しているところを見ると、当然「やらせ」の可能性は捨てきれない。このインタビューの動画は筆者も見た。ここで、袁氏がP4ラボからの流出可能性を認めていれば大したものだが、残念ながら想定内の問答だった。

さきほど、P4ラボから流出していないという証拠を見せられない限り、信じる者は中国共産党礼賛者か、パンダハガー以外いないのではないかと述べたが、実際これは、非常に難しい命題なのである。

「悪魔の証明」という言葉を聞いたことがあると思うが、研究室から流出していないことを証明するのは、流出したことを証明するよりも難しい。にもかかわらず、いとも簡単にそれを否定するところが、趙立堅報道官と同様に、かえって疑念を深めているのである。

この悪魔の証明をもう少し噛み砕くと、「存在否定の証明」は、悪魔の領域だという意味である。どんな魔力を持つ悪魔でも不可能という意味なのか、あるいは、悪魔にしか可能でないという意味なのかは分からない。一つ言えることは、宇宙人がいることより、「宇宙人がいないことを証明する方が難しい。あるいは、証明できない」ということだ。

宇宙人がいることを証明するには、一人(一匹?)でもいいから、それを連れて来て、公の場で「ほらいたでしょ?」と紹介するだけでよい。しかし、「宇宙人はいない」ことを証明するには、気が遠くなるほど膨大な宇宙の隅々まで調べあげた上で、いないことを確認しなければならないからだ。だから、Ｐ４ラボから流出していないという存在否定の証明は、悪魔の証明だと言うのである。

感染源で冤罪？　タケネズミは美味しいヨ！

武漢市の華南海鮮卸売市場がコロナウイルスの発生源とされた際、やり玉に挙がったのが、コウモリやタケネズミである。コウモリは分かるが、タケネズミなどという動物は、ほとんどの日本人は、ネズミの仲間だとは分かっても、見たことのない人が多いのではなかろうか。

それにしても、武漢という内陸も内陸、陸の孤島にある華南海鮮市場には、いったい何が売っているというのだろうか。せいぜい川魚とか、湖や沼で獲れる淡水魚のたぐいかと思っていたら、そうではないらしい。

タケネズミやコウモリ、ジャコウネコ科のハクビシン、野ウサギまでは、まだ分かる。そのほかにも孔雀やサソリまで食用として売っているというのだから、動物愛護団体に所属していなくても、「ちょっと待ってくれ」と言いたくなるのが人情だろう。

もちろんここは動物園や博物館ではない。食品に加工されたそれは、日本人から見たら、ほとんどゲテモノである。さきにも触れたように、全身が硬いうろこで覆われたセンザンコウなる

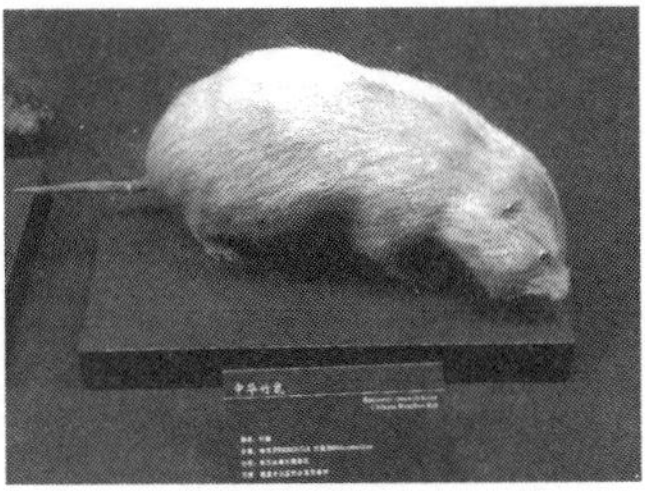

タケネズミ（Chinese Bamboo Rat・標本）

アルマジロに似た動物までいて、これは、うろこが漢方薬として人気なのだという。

いくら中国人が「食通」で、机以外の四つ足は何でも食べるとは言っても、「程度」というものがあるだろう。ここではあえて紹介しないが、中国における食人文化に関するエピソードだけでも、分厚い本が一冊書けるほどある。

さて、コウモリとともに、ウイルスの感染源として疑われているタケネズミだが、ほとんどの日本人は見たこともないし、知らないと思う。これらの動物が感染源として取りざたされた２０２０年１月、筆者の数少ない中国人の知人で、中華料理店経営の夫妻に聞くと、なんと、知っているどころではなかった。目を輝かせて、こう熱く語るのだ。

「春節で帰郷したら食べようと思ってたんだけど、帰れないから食べられないヨ～」

それを聞いた筆者が、目をむくように驚いていたのだろう。その一瞬の表情を見逃さなかったかのように、くだんの店主、「ドブネズミとは違うよ。パンダみたいに竹しか食べないから、汚くないヨ～。美味しいヨ～」と語り、隣で奥さんが「うん、うん」とうなずいている。

さっそくネットで調べてみると、アマミノクロウサギみたいで、これが結構、可愛《かわい》い。筆者などは、むしろ、可愛いから食べられないだろうと思ったのだが、彼らはそうではないらしい。

ちゃんと養殖されていて、ネズミというよりは、ウサギに近い。

とはいえ、日本人も、欧米人から見たらゲテモノを食らう人種に見えるのではないだろうか。まず、クジラを食べる。これだけでも、一部の欧米人が聞いたら倒れるのではないか。さらに、今でこそSUSHI《スシ》だ刺身だなどと言って、ヘルシー料理の代表格として世界中に広まってはいるが、そもそも生魚《なまざかな》である。川や湖などの淡水魚とともに生きる民族から見ると、あり得ない食文化のはずだ。

明治から昭和にかけて活躍した陶芸家であり、書道家にして美食家の北大路魯山人《きたおおじろさんじん》は、漫画「美味しんぼ」では、主人公の父親、海原雄山《かいばらゆうざん》のモデルにもなっているが、最後は川のタニシを生で食べて、寄生虫に肝臓を食い破られて亡くなっている。

ならば、海のものなら大丈夫かというと、ホヤやナマコなんて言うのも、かなりの珍味だろう。これも、日本人は美味だと言って食べてしまう。

まあ、クジラを食べる日本人を批判する外国人だって、ジビエだなんて言って、アライグマやハトを食べるし、フランス料理でもエスカルゴなんて言いながらカタツムリを食べたりしているのだから、食文化に関しては、お互いさまということだろう。

だから、偉そうに、よそ様の食文化のことをあれこれ言えたものではないというのは、重々承知してはいる。だが、それにしても、竹しか食べてないからきれい、だからタケネズミを食べるなど、ちょっと、人と獣の距離が近すぎるのではないかと思わざるを得ないのだ。

さて、さきの中華料理店の店主の話だと、ゲテモノ食いというのは、実は、高額所得者の道楽なのだという。食うのに困って何でも料理してしまうというのではなく、漢方至上主義ではあるまいが、珍獣にこそ不老長寿を約束する百薬の長があるとばかりに、かぶりつくのだ。

インターネットで出回っていた動画だから真偽不明だが、確かに、小ぎれいなレストランで、これまた小ぎれいな恰好をしたアジア系の若い女性が、コウモリの姿焼きみたいなものにかぶりついていた。やらせ動画だとしても、そういう発想が出てくること自体が、ゲテモノ食いを身近に感じているからこそではなかろうか。

だいたい、くだんの中華料理店の店長であるが、春節で中国に帰国したら食べようと思っていたタケネズミ、これを食べ損ねたことを全力で残念がった後、両手で走るマネをしながら、「ドーベルマン、シェパードよりいいよ。筋肉ついてるからね、がっしりと筋肉。だからドーベルマンはいいよ」と売り込んでくる。

筆者はてっきり、足の速さを言っているのかと思ったら、そうではなかった。どちらが美味しいか、という話である。聞いていて目まいを覚えると同時に、腹の底から何かが逆流してくるような感覚を覚えた。

そんな私も、日朝首脳会談が行われた2002年、北朝鮮に2度、取材で訪れたことがある。北朝鮮外務省による歓迎会が、平壌《ピョンヤン》市内を流れる大同川《テドンガン》の船上で行われた。今回のコロナ禍では、日本でも、感染したタクシー運転手が乗り込んでクラスターが発生したとして、屋形船がやり玉に挙げられた一件は記憶に新しい。屋形船の経営者は本当に気の毒だ。さて一方、平壌での船上パーティはというと、バターか何かを塗ったのだろうか、テカテカに輝く黄金色をした肉のかたまりが出てきたので、驚いて、脇に座っていた日本人記者団の一人と思わず顔を見合わせた。

食料不足で苦しんでいるはずだが、あるところにはあるのだなと、妙に納得しつつ、飢えに苦しむ北朝鮮の人に申し訳ない気持ちになりながらも、遠慮がちにその肉をいただいた。ただ、味はというと、パサパサして、ターキー（七面鳥）のような味がした。筆者も米国時代、アメリカ人がブルーベリーなどのジャムをつけてターキーを食べているのを見ていたが、その理由が分からないでもなかった。そんな味である。

さて、ドーベルマンの話からなぜ、北朝鮮の話になったか、もうお気づきだろう。

帰国してひと月ぐらい経ったとき、一緒に北朝鮮に取材に行った他社の仲間が「佐々木さん、あれ、犬肉だったんですって。知ってました？」と顔を覗き込むように聞いてきた。とっさに吐き気をもよおし、虚しさを感じながらも、腹の底にあるものを必死で戻そうと思ったのだが、何しろ、ひと月も前の話である。もう自分の体の一部になってしまっているから、あとの祭りだ。ワンワン泣きたくなったというのは、本当の話である。

脱線したので話を戻す。この章の冒頭で、生物兵器説はXファイル入りすると述べたが、感染源も含めて中国は、証拠隠滅を図りウヤムヤにする腹だ。間違えても、「実は生物兵器を開発し、実用化に成功したのだが、保管方法を誤り漏洩してしまった」とは言わないだろう。

中国の犯罪的な隠蔽体質を少しでも暴くには、WHOのテドロス事務局長を一刻も早く更迭し、国際社会が一丸となって、（中国は100％認めないが）国際調査団の中国・武漢への派遣を求め続け、中国に圧力をかけ続けていくしかないのである。

第五章　国家戦略「千人計画」の罠

世界のハイレベル人材を狙え

「千人計画（Thousand Talents Plan）」、それはハイテク面で世界を支配するための、中国の人材発掘戦略である。日本人も例外ではなくリクルートされている。本人に他意はなくとも、中長期的に見れば、こうした頭脳流出は、中国による「静かなる侵略」を利する、利敵行為になりかねない。つまり、千人計画ならぬ、よほどの仙人感覚がなければ、高い報酬とプライドをくすぐる中国のリクルート手法に、人材の流出は止まらないだろう。

ここに、北京市にある大地法律事務所が訳したという、中国の公文書がある。日本貿易振興機構（ＪＥＴＲＯ《ジェトロ》）が同事務所の許可を得てインターネット上に掲載した資料だ。２０１７年3月28日付で、国家外国専門家局、人力資源社会保障部、外交部、公安部の４つの部門による共同発行の形をとり、「外国人訪中就労許可制度全面実施に関する国家外国専門家局、人力資源社会保障部、外交部及び公安部の通知」との表題が付いている。

まず目に飛び込んでくるのが、指導思想の項目だ。そこには、こう書かれている。日本と同様、役人言葉で句点がないのが特徴だ（一部略）。

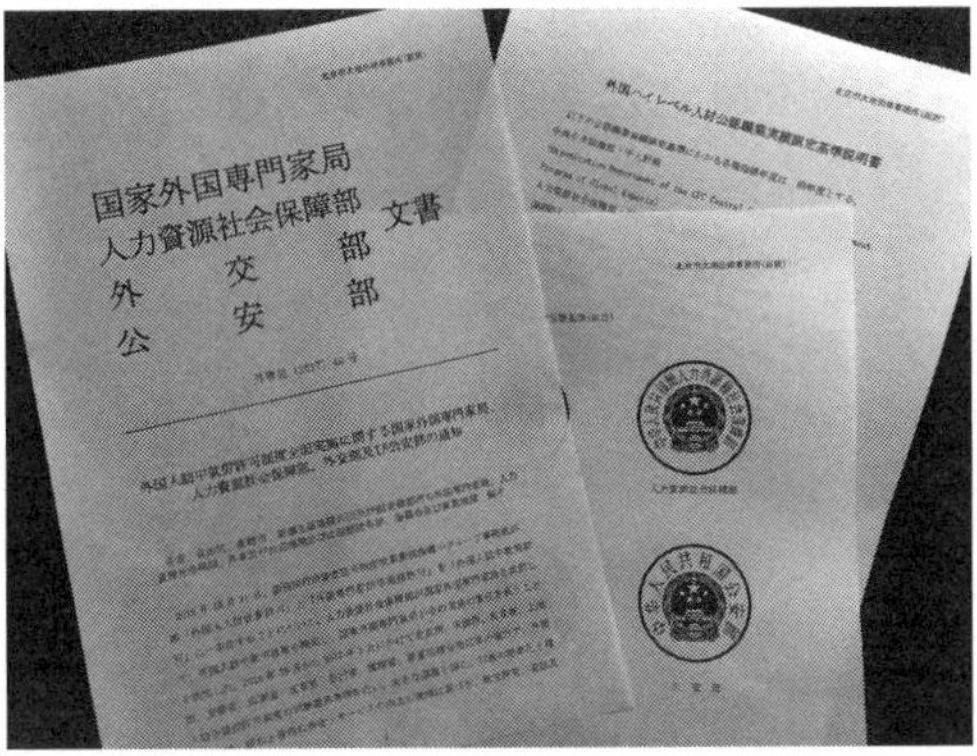

外国人訪中就労許可制度全面実施に関する通知

「習近平党総書記（国家主席）の重要講話を徹底し、イノベーション（技術革新）、協調、緑色、開放、共有という発展の理念を強固に樹立し、『世界中の英才を集めて起用する』という戦略的な思想を実践し、人材優先の発展戦略と就業優先戦略を着実に実施し、『ハイレベル人材の訪中を奨励し、一般人材は制御し、低レベル人材は制限する』という原則を守り、外国人訪中就労管理制度を構築し、外国人訪中就労許可、査証、滞在にかかる制度のスムーズな移行を実現し、国際社会において競争力のある人材制度がもたらす優勢を備えるとともに、国内就業市場とバランスがとれ、それを保護することのできる制度環境が次第に形成され、国の重大な戦略の実施と経済社会の発展に一層貢献することを目指す」

注目したいのは、以下のくだりだ。「ハイレベル人材の訪中を奨励し」という方針は分かるが、「一般人材は制御し、低レベル人材は制御する」という部分だ。「低レベル人材」という表現は、いかにも共産党独裁政権らしい差別的な表記というか、階級意識の現れた表現ではないか。

こんな表現を、日本が公的な文書でやったとしたら、どうなることか。先述したように、実際、2020年1月下旬、新型コロナウイルスの流行に伴い、中国人観光客の「入店お断り」の貼り紙を出した神奈川県・箱根町の駄菓子店の店主が「差別だ」と国内外からバッシングを受けているのだ。

その項でも述べた通り、駄菓子店のそれは、店主が言っている通り、人種や国籍差別ではなく、自己防衛だ。これに対し、ここに挙げた中国公文書のそれは、国家ぐるみの外国人差別である。なにしろ、日本人を含む低レベルの外国人は、中国に来てくれるなということなのだ。

確かに、中国の篆刻や書道、詩歌、あるいは三国志など、黄河文明以来の歴史と伝統にあこがれ、盲目的に親しみの感情を持つ日本人はいる。さらには、戦前の日本が中国大陸でとんでもないことばかりをやったと信じ、不必要なまでの贖罪意識を持つ日本人も、いまだに少なくない。だが、現代の中国共産党政権というのは、そうした夢とロマンにあふれる悠久の国家とは、とてもではないが言い難いのである。

そんな日本人の多くは、私も含めて（残念ながら？）彼らの言うところの「ハイレベル人材」ではなかろう。共産党独裁が支配する今の中国は、こうした中国好きの日本人をも軽蔑し、公文書のレベルで「来なくていい」と言っているのである。

それでもあなたは中国に行きますか。街中に張り巡らされた「顔認証システム」という名の監視カメラで素行を四六時中見張られるだけならまだしも、無用なスパイ嫌疑をかけられ、無実の罪で身柄を拘束され、知らぬ間に処刑されていたということにもなりかねない。それが、ウソいつわりのない、現代の中国共産党が支配する社会なのである。「中国は顔認証システムが進んでいるから、コンビニでもキャッシュレスで便利だし、日本よりも進んでいる！」などと喜んでばかりもいられないのである。

さて、彼らの主な任務は、とにかく高学歴で社会的な実績のある「ハイレベル人材」の訪中を容易にするために、入国や滞在手続きを簡素化し、２０１７年４月１日から、全面的に施行することであるという。

前掲の文書によると、外国ハイレベル人材（Ａクラス）とは、「中国の経済社会発展のために早急に必要な科学家、科学技術分野の優秀な人材、国際企業家、専門的な特殊人材等の『優秀で国内に不足している』外国ハイレベル人材であって、国の外国人材にかかる重点と目録に合致し、次の条件の一つに適合する者」と定義されている。

その条件として、「次の賞の受賞者」の項には、ノーベル賞受賞者、アメリカ国家科学賞、アメリカ国家技術賞、フランス国立科学研究センター研究褒章、英国王室ゴールド・メダル、（数学のノーベル賞と言われる）フィールズ賞などと並び、日本の場合は、日本国際賞、京都賞など、16種類が挙げられている。このほかにも、国際機関での主要なポスト経験者などが対象となっている。

面白いのは、科学分野に限らず、オリンピックでの上位入賞者や音楽、美術、文学などの分野も含まれていることだ。世界的に有名なベルリンフィルハーモニー管弦楽団をはじめ、スカラ座、ローマ歌劇場、グラミー賞、全米テニスオープン、ウインブルドン選手権から国際赤十字まで、数えきれないほどの分野・領域が対象となっている。

中でも目を引くのが、「市場の動向に合致した奨励類職位に必要とされる外国人人材」として、有名企業のほか、中央および地方の主流メディアの編集長、副編集長、首席アナウンサー、プロ司会者などが挙げられている点だ。

このほか、年収がその土地の平均年収の6倍以上の人材も対象としていた。なぜ、5倍ではなくて6倍なのかは不明だが、こうした条件からは、あらゆる業種、対象に網をかけて、世界各地から優秀な人材を集めようという中国の国家戦略が浮かび上がってくる。

良く言えば、まるで奈良時代、唐に留学生として渡った阿倍仲麻呂《あべのなかまろ》が唐朝において高官として重用されたように、あるいは、モンゴル帝国が色目人《しきもくじん》などといって優秀な外国人を重要ポストで処遇したように、民族自決、多文化共生を掲げた帝国主義国家を彷彿とさせる、懐の深いやり方とも言える。

さて、こうして選ばれたハイレベル人材のA、Bクラスは、それぞれ、中国語能力からこれまでの実績など、40項目にわたって0点から最高20点までに分類され、色分けされる仕組みだ。

こうしたシステムは、中央だけでなく地方組織にもあり、天津市千人計画だとか、河北省百人計画、内モンゴル自治区草原英才プログラムなど、さまざまなリクルート組織が存在する。

自薦他薦含めて、こうしたハイレベル人材に「合格」すると、その外国人には、配偶者および未成年の子女に対しても「永久居住証」や2〜5年期間つきの数次再入国ビザが発行される。

また、海外在住の中国人（中国国籍）には、出身地に関係なく、気に入った中国国内の都市が戸籍所有地として認められる。この辺が、移動の自由に極度の制限が加えられている中国らしい。

さらに、中国国内での優遇的な各種保険制度の利用はもちろん、住宅手当や子女の教育費、配偶者の仕事、または生活補助、外国人材には、交渉のうえ、合理的な給与を支払うとしている。これが、破格と言えるほどの高給であり、条件によっては、それまで在籍していた研究機関との兼任も可能としている。

まさに、ここがポイントだ。それまで在籍していた研究機関との「兼任」が許されている、というよりも、むしろ、奨励されている。

のちほど改めて詳述するが、米議会の報告書が指摘しているように、これは、米国の研究成果を盗むための「影の研究室」を中国国内につくるためにも、米機関に在籍したままの方が都合が良い、ということなのである。つまり、A社という製薬会社に籍を置きながら、ライバルの

B社で新薬の研究をしているようなものである。

あるいは、朝日新聞社に籍を置きながら産経新聞社にも机があり、両方の名刺を持って取材しているようなものである。だから当然、お互いの新聞社がどんな特ダネを仕込み、翌日の朝刊で何を1面トップに持ってくるのか、筒抜け状態となる。

こうして、米国の研究者が膨大な時間と金、労力をかけて発見、開発した研究成果を、トンビが油揚げをさらうように盗んでいくのだから、中国が米国にさまざまな研究分野で追いつき、追い抜く勢いを持つのは、当然の成り行きなのだ。

さらに恐ろしいのは、「ビッグデータを運用して監督管理機能を高め」「信用を守った者には奨励を与え、信用を失墜した者には懲戒を行うメカニズムを構築する」としていることだ。信用を守ることとは、自分の専門分野を高めていくことなのだろう。だが、何をもって「信用を失墜」したことになるのかは不明だ。ここに大きな落とし穴があろうことは、容易に想像がつく。

海外から帰国した中国人留学生や研究者らを指す「海亀」から始まった千人計画だが、今では万人計画（国家ハイレベル人材特別支援計画）と言われるほど、規模が大きくなっている。2008年からスタートした国家プロジェクトとしての人材招聘計画は、この10年ちょっとの間に7000人以上の人材を集めたと言われている。

この千人計画で想起するのは、2012年に経営破綻した半導体大手エルピーダメモリ（現マイクロンメモリジャパン、東京）元社長の、坂本幸雄氏（72）だ。このプロジェクトとの直接の関わりは定かではないが、彼は華麗なる転身を遂げて、業界の注目を集めた。ハイテク分野における、明らかな頭脳流出だったからである。

坂本氏は2019年11月、中国のハイテク機器製造業の大手、紫光集団の高級副総裁に就任した。新天地で再起を図る坂本氏は、日本に今後設立する設計拠点で、陣頭指揮を執るという。米中両国のハイテク戦争が激化する中での、こうした転身に、業界から驚きの声が上がったわけだ。

坂本氏は産経新聞の取材に対し「負け犬のまま人生を終わらせたくない。自分の中で決着をつけたい」と、就任の理由を語った。彼が転職した紫光集団は、北京の名門、清華大傘下の半導体メーカーだ。記憶媒体のフラッシュメモリーに注力してきたが、パソコンなどに使うメモリーの一種であるDRAMへの参入を2019年7月に表明。DRAM専業のエルピーダを率いていた坂本氏に白羽の矢を立てた。今後は日本で技術者を100人程度集めて、量産化に向けた設計を進める計画なのだという。

坂本氏は「日本にはメモリーを開発できる人材がたくさんいる。日本企業の5～6倍の報酬を出す用意がある」と語っているが、これは千人計画の手法とも酷似する。

中国は近年、米国などに半導体調達を依存している状況から脱却するため、半導体の国産化を進める方針を掲げている。だが、2018年には、量産開始目前だったDRAMメーカー、福建省の晋華集成電路が米国の制裁対象となり、事業が頓挫するなど、半導体問題は米中対立の争点の一つとなっている。

産経新聞の取材に対し、日本の半導体メーカー関係者は、坂本氏の転身について「メモリーは資金力が勝負なので、国策で進める中国メーカーで勝負してみたい気持ちは分かる。だが、この政治状況で、相当思い切った決断だ」と語っている。破綻したエルピーダメモリは、日立製作所やNECなどのDRAM事業を統合した会社で、坂本氏は2002年から社長を務めていた（以上、サンケイビズ2019年12月24日付 電子版など）。

2020年5月、こうした半導体の国産化を急ぐ中国の動きを見透かしたような「事件」が起きる。半導体受託生産の世界最大手、台湾積体電路製造（TSMC）が、中国通信機器最大手、華為技術（ファーウェイ）からの新規受注を止めたのだ（日本経済新聞5月18日付 電子版）。米トランプ政権が求める禁輸措置に対応した措置だという。

華為技術は現在、スマートフォン市場で世界2位だが、基幹半導体の供給が断たれれば、次世代通信規格5G向けの端末開発などで影響が出る。米中摩擦の激化により、こうしたサプライチェーン（供給網）の分断リスクが鮮明になっているわけだ。

米政府は19年5月に、華為技術に対する事実上の禁輸措置を打ち出したが、米国由来の技術やソフトウエアが25％以下であれば規制の対象外というルールが「抜け穴」となっていた。しかし今回は、25％以下でも、米国の製造装置を使っていれば華為技術に輸出ができないようにした。

華為技術にとって、TSMCとの取引は生命線とされてきた。傘下の設計・開発大手である海思半導体（ハイシリコン）は、スマートフォンのCPU（中央演算処理装置）や5Gの基地局向けの半導体などの開発で世界トップクラスの技術を持つが、その製造はTSMCに依存してきたためだ。中国は、高度な半導体製造技術が欠如していることが、米とのハイテク摩擦での弱点となっている。習近平指導部が国を挙げて国産化を急いでいることは、さきに述べた通りだ。

つまり、中国が国を挙げてハイテク分野の人材確保に力を入れる理由がここにある。一方で、自分の能力を十分に発揮できず、自らの能力に見合った報酬を得られていないことに不満を持つ日本人技術者は少なくない。そこに、両者の思惑が一致する余地が生まれるのである。

国も会社も自分の価値を認めてくれない――となれば、技術者、研究者として自分を高く評価してくれる国家、企業に身をゆだねよう。そう思う技術者、研究者の動機や考え方に対して、批判することはだれにもできないし、またその資格もない。だが、日本の優秀な頭脳が、権威主義で、日本や米国といった自由主義諸国を何かと敵視するような国家に流出していくのを、指をくわえて見ていて良いはずがない。

日本政府には、優秀な人材に投資するだけの潤沢な資金がないのかもしれないが、こうした頭脳の流出を食い止めるためにも、企業レベルを超えた、国家規模の生活支援や研究支援など、きめの細かい取り組みが、今まで以上に必要になってくるのである。

米FBIが警戒する千人計画

米連邦捜査局（FBI）は、なぜ、中国が国家ぐるみで進めるこの「千人計画（Thousand Talents Plan）」を捜査対象と見なしているのだろうか。

それは、その背景に、中国がハイテク分野で覇権を握るため、建国2049年を目標として、米国の知的財産を頭脳ごと盗もうとしている、という警戒感があるからだ。

さきに述べたように、中国の「千人計画」とは、ノーベル賞受賞者を含む世界トップレベルの研究者を破格の待遇で中国に招聘する国家プロジェクトだ。まず1990年代、海外に留学していた中国人研究者の帰国を積極的に働きかけた。彼らは、海を漂って母国に戻ることから「海亀」と呼ばれる。

北京五輪が開催された2008年以降は、「千人計画」として、米国を中心に中国人以外の外国人の招聘に乗り出し、今では200近い招聘プログラムがあるとされる。「万人計画」などと呼ばれることもあるが、ここでは「千人計画」という呼称で統一しておく。

この計画自体は、始まってもう12年が経つが、最近、この計画が再び脚光を浴びる事件が起きた。米ハーバード大教授が逮捕、起訴されたのだ。前章でも少し触れたが、米司法省は2020年1月28日、中国の「千人計画」への参加をめぐって米政府に虚偽の報告をしたとして、ナノテクノロジーの世界的な権威として知られる、米ハーバード大学の化学・化学生物学部長、チャールズ・リーバー教授（60）を逮捕、起訴した。ナノテクノロジーとは、物質を、分子や原子という極小の世界において自在に制御する技術のことだ。中国のみならず、世界が競って開発に注力している分野でもある。

司法省によると、リーバー教授は2012〜17年ごろ、千人計画に参加し、月額5万ドル（約537万円）の給料や、15万8千ドル（約1700万円）の生活費を受け取っていた。その見返りに、中国・湖北省にある武漢理工大の名義で論文発表などすることを中国側から要求されていたという。

リーバー教授は、軍事関連の研究などで米国防総省やNIH（国立衛生研究所）といった連邦政府機関からも研究費を受け取っていたにもかかわらず、米政府に報告する義務を怠った。米国の国内法では、外国から資金提供を受けた場合、政府に報告しなければならないという規定がある。だが教授は、千人計画への参加を隠したまま、FBIの事情聴取にも関与を否定したため、悪質と見た司法省が教授の逮捕に踏み切ったのだ。ハーバード大は「極めて深刻で捜査に協力する」とコメントした。

リーバー教授はペンシルベニア州フィラデルフィア出身。スタンフォード大の博士課程を修了し、2015年からはハーバード大で化学・化学生物学部長を務め、400本を超える科学論文を共著しているという。

リーバー教授の起訴が米国内外に波紋を広げたのは、武漢理工大での論文作成に見られるように、新型コロナウイルスが発生した武漢と、深い関わりがあったためだ。

まず浮上したのが、リーバー教授が、武漢で発生した新型コロナウイルスを、中国に売却したのではないかという疑惑だ。ファクト・チェックで知られる米サイト「スノープス」によると、リーバー教授は2011年から、武漢理工大の特別招聘教授を兼任していた。そして同時期に、人民解放軍の陸軍中尉を含む2人が部外秘の生物素材を持ち出していることも、リーバー教授の疑惑に拍車をかけた。

こうしたことから、リーバー教授が関わったとは言わないまでも、新型コロナウイルスが人工的に造られた生物兵器ではないかとの疑惑が取りざたされたわけだ。だが、これについて、前述のスノープスは「証拠はどこにもない」と否定したうえで、リーバー教授の起訴と新型コロナウイルスの関係はなく、起訴されたのは、あくまで米政府への申告義務を怠った収入面での経済的な理由と学術面での不当な情報持ち出しが理由であるとの見方を示している。

しかし、その後も千人計画がらみの事件は続く。5月8日、米司法省は、南部アーカンソー州にあるアーカンソー大の中国系米国人の洪思忠教授を逮捕、起訴した。中国政府や企業から資金供給を受けていたにもかかわらず、虚偽の申告をした罪だ。有罪となれば最大20年の懲役刑となる。

米司法省やFBIなどによると、洪教授は仲間の中国人研究者に送ったメールに、「中国のネットで調べれば分かるが、米国が『千人計画』の学者をどう扱うかが分かる。私がその一人であることを知っている人は少ないが、このニュースが広まったら、私の仕事は大変なことになる」と書いている。

アーカンソー大は、洪教授を停職処分とした上で、FBIの捜査に協力している。洪教授は同大で1988年から教鞭をとり、電気工学系の高密度エレクトロニクスセンター所長を務めていた。

このほか、南部ジョージア州アトランタにあるエモリー大の中国系米国人学者、李暁江氏も、千人計画に参加し、米当局に申告詐欺罪で起訴されている。

捜査当局によると、李氏は過去6年間、中国に戻り、中国のいくつかの大学で千人計画関連のプロジェクトに参加していた。中国当局からと見られる李氏の海外収入は、50万ドル（約5370万円）にのぼったが、これを申告せず虚偽の報告をしていた。李氏は執行猶予1年、3万5千ドルの罰金刑となった。

これらはみな散発的な強制捜査であり、日本ではほとんど報じられていないが、米捜査当局が千人計画がらみで取り締まりを強化し始めているのは間違いない。一つ一つの事件をたどっていくと、その背後に、ハイテクや学術分野で米国としのぎを削る中国への、米当局の警戒感が色濃く浮かんでくるのである。

次は、千人計画について、別の角度から、もう少し詳しく見てみよう。

さきに、中長期的に見れば、こうした中国への頭脳流出は、中国による「静かなる侵略」を利する利敵行為になりかねないと書いた。

高度な技術や学識を持つ、いわゆるハイレベル人材の獲得に躍起となる中国に対し、警戒を強めている米連邦議会の報告書も、それを指摘している。

米議会の報告書が明らかにした「影の研究室」

米連邦議会は２０１９年11月、中国の千人計画は脅威であるとの報告書を公表した。

この報告書は、米議会上院の国土安全保障小委員会（共和党のロブ・ポートマン委員長、オハイオ州）が、超党派でまとめたものである。委員会は、連邦捜査局（ＦＢＩ）、全米科学財団（ＮＳＦ）、国立衛生研究所（ＮＩＨ）、エネルギー省、国務省、商務省、ホワイトハウス科学技術政策室の、７つの組織を対象に、８カ月かけて調査した。

報告書はまず、「中国の国外で研究を行っている研究者らを中国政府が募集する人材募集プログラムにより、米政府の研究資金と民間部門の技術が中国の軍事力と経済力を強化するために使われており、その対策は遅れている」と指摘した。

具体的には、中国は２０５０年までに科学技術における世界のリーダーになることを目指しており、中国政府は１９９０年代後半から、海外の研究者を募集して国内の研究を促進しており、そうした人材募集プログラムは現在、約200ある。その中で最も有名なのが、千人計画だとしている。

報告書によれば、千人計画は2008年に始まり、2017年までに7000人の研究者を集めたとされる。研究者にはボーナスや諸手当や研究資金が用意され、対象は、中国系の研究者とそれ以外の場合の両方がある。ここまでは、さきに中国の公文書で見てきた通りである。

問題なのは、契約内容だ。ポートマン上院議員によると、契約書は千人計画に参加する科学者に対し、中国のために働くこと、契約を秘密にし、ポスドク（博士研究員）を募集し、スポンサーになる中国の研究機関にすべての知的財産権を譲り渡すことを求めているという。さらに契約書では、科学者たちが米国で行っている研究を忠実にまねた「影の研究室」を中国に設立することを奨励しているという。

NIH（国立衛生研究所）のマイケル・ラウアー副所長は議会の公聴会で、「中国は影の研究室のおかげで、米国で何が進んでいるかを世界に先駆けて知ることができる。NIHが影の研究室の存在を米国の研究機関に知らせると驚かれることがしばしばで、多くの研究機関は職員が中国に研究室を持っていることを知らなかった」と証言している（ネイチャー2019年11月20日付 電子版）。

また、エネルギー省の調査では、NIHに所属していたあるポスドク研究員は、千人計画に選ばれて、中国で教授職を得た。そして、中国に戻る前にこの研究所から、機密扱いではないものの、3万件の電子ファイルを持ち去ったという。この研究員は中国の研究機関に対し、米国での自分の研究分野は、高度な防衛力を持つために重要なものだと売り込み、中国の防衛力の近代化を支援する研究を計画していたという。

ポートマン氏は、こうした中国の千人計画に対し、FBIや米国内にある研究機関の対応は非常に遅く、早急に米国の研究を守るための取り組みを組織しなければならないと指摘している。報告書はまた、千人計画に参加している研究者には、契約条件などを完全な形で開示しなければ米国の研究資金を得られないようにすべきだ――などと提言している。さらに、基礎研究で得られる成果には可能な限り制約をかけないという、米政府が1985年から採用してきた基本方針の再検討を求め、そのための立法措置が必要であるとも指摘した。

米国大学協会（ワシントンDC）のトビン・スミス政策担当副会長は、「報告書は、人材募集プログラムの契約内容を徹底的に調べることにより、この問題を生々しく伝えている。大学教員たちはこの報告書をよく読み、千人計画に加わる危険性への注意を喚起してもらいたい」と話している。

筆者の手元に、この報告書を構成する、FBI作成の文書がある。この中で、FBIのジョン・ブラウン副部長は、「千人計画に参加した科学者たちのすべてが、いわゆる古典的なスパイだとは言えないが、中国政府から情報提供を求められているのは事実であり、違法性がある。防諜の観点からも、もっと早く対処策を講じなければならなかったのに、それをしてこなかった。米政府や研究機関は、すぐにでも行動を起こすべきである」としている。

これ以前の2018年6月にも、米議会は千人計画に関する報告書を公表している。米政府組織の貿易・製造政策局による「中国の経済的侵略がどのように米国と世界の技術と知的財産を脅かしているか」と題するレポートだ。それによると、米国が大規模に投資して得たハイテク産業や知的財産について、中国は物理的あるいはサイバー攻撃でこれを盗み、技術移転を強要するなどして不正入手していると指摘している。

被害の対象となっている技術分野は、中国が掲げるハイテク産業戦略「中国製造2025」に明記された人工知能（AI）、航空宇宙、仮想現実（VR）、高速鉄道、新エネルギー自動車産業など、多分野にわたる。中国は同時に、外国製品に対して高い関税、輸入制限や課徴金、煩雑な検査などの非関税障壁を設けていると指摘し、外国企業が中国市場に参入することは規制され、また中国企業においても合弁企業の外資出資比率について49％の上限が設けられているという。

もちろん、千人計画のリスクについても言及している。ホワイトハウスは、千人計画について当時、「祖国に仕えよ」の共産党スローガンのもと、ハイレベル人材たちが海外で得た研究成果でさえも、中国共産党へ移転するよう要求されていると結論づけている。

一方、中国当局は2014年、千人計画の成果として、「中国製造2025」で示したようなハイテク産業では「多くの中国オリジナル・中国設計のものを生み出した」と豪語し、核技術、有人宇宙飛行、有人潜水艇、北斗衛星ナビシステムといった軍需産業などの分野で、「技術的難関を突破した」とアピールした。

かの国のことだから、どこまで本当か分からないし、はったりの可能性が高いのだが、一つだけ言えることは、そのために米国の技術が盗まれた可能性が高い、ということだ。

2014年当時の議会報告書は、中国の経済的侵略により、米国の600以上のハイテク資産、200億ドル相当が被害を受けていると報告している。

実際、日本に十数年滞在し、公的研究機関に所属していた中国・西安出身の中国人研究者は、千人計画の海外人材リクルーターだった。この研究者は、1990年代に筑波大学に留学して物理工学の博士号を取得、99年から国立通信研究所（CRL）に勤務し、2005年7月には筑波にハイテク企業を設立した。「千人計画」公式サイトによると、同社は中国人で初めてのハイテク産業を取り扱う企業だという。

この研究者は、同社の創業からわずか1年足らずで後続人に引き継ぎ、地元・西安でハイテク技術企業を創業。航空、宇宙、高速鉄道、原子力発電、石油化学、国防など、中国のハイエンド産業にもかかわる技術を開発し、国内外で特許を取得した。2010年3月、この研究者は千人計画の人材採掘メンバーに選出され、「十数年の海外での功績を高く評価」されたという（エポックタイムズ2018年8月10日付 電子版）。

もう一つの国家戦略「中国製造２０２５」は消えたのか

こうした、中国の「千人計画」と歩調を合わせるのが、さきに少し触れた「中国製造２０２５（製造25）」である。しかし、米国内で中国への警戒心が高まったためだろう。この「製造25」というキャッチフレーズは最近、すっかり影を潜めた感がある。

米中貿易協議という名の冷戦が熱を帯びる中、米国をリングの場外でわざわざ刺激するのは得策ではないという、中国政府の判断が働いているのだろう。

この「製造25」は、２０１５年の全国人民代表者会議（全人代、日本の国会に相当）で、李克強首相が実行を宣言し、２０１５年5月に中国国務院（日本の内閣に相当）が初めて公表した。

李首相は全人代で、このさき1年の重要政策を説明する政府活動報告（日本の首相による所信表明に相当）として、「産業構造の高度化を進め『中国製造２０２５』を着実に実施しなければならない」と述べている。

これは、中国が今後10年間で、「製造大国」から先端技術で世界をリードする「製造強国」になることを目標としたものだ。いわば、中国のハイテク産業育成に関する、中長期の国家戦略である。

ところが、２０１５年以降、李首相が毎年必ず言及してきたこの製造25が、19年、20年と、2年連続で触れられなかったのだ。19年当時は、3月1日を期限としていた米中貿易協議が延期され、トランプ米大統領と習国家主席の会談が月内にも開催すると見られたデリケートな時期だったというのも「触れない」理由にあったのは間違いない。

続く今年20年は、新型コロナウイルスの封じ込めに追われたこともあり、政府活動報告で「感染症対策は大きな戦略的成果を収めている」と述べたものの、終息宣言、２０２０年の経済成長率の目標設定、さらには製造25への言及も見送るという、異例の報告となった。

では、中国は製造25を引っ込めたのか？　方針転換して製造25をゴミ箱に捨てたのか？　そうではない。中国の国家大計、重要な国家戦略である。そんなことをしたら、習近平国家主席以下、党の最高指導部である「政治局常務委員会委員（常務委員）」のチャイナ7《セブン》は、総退陣どころか、全員、政治収容所送りになるに違いない。

むしろこれは、１９９０年代に最高指導者だった鄧小平氏が言った、才能を隠して時宜を伺う「韜光養晦《とうこうようかい》」と呼ばれる路線に回帰した、というより、回帰したように見せかけているだけであろう。だから、戦略転換したなどと簡単に騙されてはいけない。

「そもそも、米国との対立が先鋭化する中で、中国の産業界からは『わざわざ中国製造２０２５などと正面から挑戦状を叩きつけるような真似をする必要はなかった』との不満が漏れていた」と、日本経済新聞の広岡延隆上海支局長（当時）は指摘していた（日経ビジネス２０１９年3月5日付 電子版）。

そんな中国側の配慮も、今回の新型コロナウイルスで吹っ飛んだ感がある。米中貿易摩擦の影響は、当時はまだ限定的と見られた。中国に進出している米国企業の間では実際に設備投資を手控える動きが出ていたが、今や米国の怒りは沸点に達し、米大統領選では、共和党候補のトランプ大統領と民主党候補のバイデン上院議員が、こぞって中国への強硬姿勢ぶりをアピールしているほどである。

製造25はもともと、自動運転・AI（人工知能）などによる、技術革新をはじめとする10の重点分野と23の品目を設定し、建国100年に当たる2049年までに「世界の製造強国の先頭グループ入り」を目指すとともに、米国を技術力で追い抜き、世界最大最強の「製造強国」となることを目標として設定されたものである。

つまり、AIや次世代通信網の5G分野で世界覇権を目指す中国の野望が、そこにある。中でも米国が神経を尖らすのは、外資企業の中国投資に関する基本法「外商投資法」だ。ここには、米国などが批判する技術移転の強要の禁止が一応、盛り込まれている。

さて、製造25における10の重点分野だが、その内訳は、次世代情報技術（半導体、5G）、高度なデジタル制御の工作機械・ロボット、航空・宇宙設備（大型航空機、有人宇宙飛行）、海洋エンジニアリング・ハイテク船舶、先端的鉄道設備、省エネ・新エネ自動車、電力設備（大型水力・原子力発電）、産業用機材（大型トラクター）、新素材（超電導素材、ナノ素材）、バイオ医薬・高性能医療機械――となっている。

特徴的なのは、品目ごとに国産比率の目標を設定している点だ。例えば、産業用ロボットでは自主ブランドの市場占有率を25年に70％、5Gのカギを握る移動通信システム設備では25年に中国市場で80％、世界市場で40％——という高い目標を掲げた。中国政府は、製造25の策定後、関連産業に対する金融支援や、基盤技術の向上支援などの施策を相次ぎ打ち出している。

1978年の改革開放以来の、安い労働力と外国資本を元手に安い製品を輸出する「世界の工場」が、同じように安い労働力で生産力を高めつつある東南アジア各国の台頭に押され、従来のような成長モデルが維持できなくなっていることが、こうした動きの背景にある。GDPの伸び率も、2010年の10・6％を最後に前年を下回る傾向が続き、18年は前年比6・6％と、天安門事件の影響を受けた1990年の3・9％以来の低水準にとどまった（『米中ハイテク覇権の行方』NHKスペシャル取材班、NHK出版新書）。

今年5月の全人代では、新型コロナウイルスの影響で経済の先行きに対する不透明感が増し、2020年の国内総生産（GDP）の成長率目標を設定できないという、極めて異例の事態を招いたことは前述した。それでも、中国と技術覇権を争う米国の製造25に対する警戒感は変わるまい。新型コロナウイルスによる経済的な退潮は世界規模であり、中長期的な中国の野望は不変と見るからだ。

こうした視点に立ち、米国は新型コロナウイルス禍の前から手を打っている。ECRA《エクラ》だ。2018年8月、米国は19年会計年度の国防権限法（National Defense Authorization Act）に盛り込む形で、ECRA（Export Control Reform Act）を成立させている。

このＥＣＲＡは、関税引き上げによる制裁と並び、中国を国際貿易の表舞台から引きずりおろす「車の両輪」と位置づけてよい。米ソ冷戦時代のＣＯＣＯＭ《ココム》（対共産圏輸出統制委員会）の新バージョンとも言うべき輸出規制により、国防上、危険と考えられる国、すなわち、中国に対して米国の兵器転用技術や先端技術を輸出できなくする法律なのである。

米国は、こうした規制の対象として、バイオテクノロジーや人工知能など、中国が国家発展のための開発目標として掲げた「中国製造２０２５」に指定されている分野と、ほぼ同じ分野を挙げている。この国防権限法では、これまで定義されていなかった先端技術などを国家の安全保障に関わるものとしており、先端技術企業やインフラへの投資を規制する外国投資リスク現代化法（ＦＩＲＭＭＡ《ファーマ》）とともに、中国への先端技術流出を防ぐ法律でもあるのだ。これ以上、中国に先端技術を渡さない――という米議会、米国の強い意思の表れである（拙著『日本が消える日』より）。

だが一方で、「千人計画」でリクルートされてきた海外留学組の中国人や米国・日本などの外国人は、これら中国製造２０２５が既定した分野に振り分けられ、彼らと彼らの所属する国家の知的財産が、まんまと中国に吸い上げられていくのである。

第六章　サイバー戦の尖兵「五毛党」

日本に迫る「笑顔の侵略者」

侵略者は、銃や剣を持って目に見える脅威となって来るとは限らない。むしろ、微笑みながら、友人を装ってやってくるのが、現代のインベージョン（侵略）と言えよう。

武器を持ち、毛皮や鎧《よろい》で武装し、銅鑼《どら》や太鼓を鳴らしながらブリテン島にやって来たのは、11世紀のバイキングである。

今は時代が違う。その手法は近年、中国やロシアなどの権威主義国家が力を入れるシャープパワーとも呼ばれている。これは、軍事力などのハードパワーと、文化・教育・共通の価値観といったソフトパワーの中間に位置づけられる。シャープパワーは、強制や、情報の歪曲などの強引な手段を用いて未熟で脆弱な民主主義国家に自分たちの方針を飲ませようとする外交的圧力であったり、ときには世論工作であったりする。フェイクニュースで情報を攪乱する手法というのも、ソフトパワーではなく、積極工作を図るという意味では、シャープパワーとして位置づけられよう。

つまり、匂いや蜜でミツバチや蝶を呼び寄せる花のたぐいがソフトパワーだとすれば、シャープパワーはさしずめ、獲物を狩りに行くという点で、より動物に近い、「足の生えた食虫植物」のイメージではないだろうか。

似たような言葉に、ソフトキルというものがある。敵対勢力の人員・装備を物理的に破壊（ハードキル）するのではなく、外交的圧力やスパイ工作、サイバーテロ、電子戦によって、敵戦力の最小化、無力化を図る手法である。

例えば電子戦においては、飛びかう電波が同時に敵兵器の目、耳、口である点を突き、これを混乱・麻痺させるための電波妨害が、それに当たる。敵機や、敵ミサイルの電波の周波数を乗っ取ることで、航空機でも艦船でも、多種類の兵器に対して有効とされる戦法だ。

残念ながら日本は、中国から、そのすべての脅威に晒されている。それだけではない。国として積極的な防御・防衛策を取っているとは、とてもではないが言い難く、財界を見るとむしろ、目先の利益、私利私欲のため、結果として中国の工作に手を貸しているようですらある。

侵略の成功というものは、往々にして、侵略者と内通して味方を裏切り、それを内部から手引きする者がいて、より高い確度で成功する。機密情報を相手に漏らしたり、一緒になって自国の政権打倒に走る行為を考えると、分かりやすいだろう。傀儡政権の樹立に動くのも同類だ。あるいは時代劇風に言えば、藤沢周平著『鬼平犯科帳』に出てくる盗賊たちの一味が襲撃先に使用人として侵入し、合鍵をつくって仲間を手引きするやり方が、それである。

中でも最悪なのが、無意識のうちに、悪気なく、敵の思惑に加担してしまうことだ。あるいは、自分の意思で行っていると信じ込んでいる行為自体が、敵、あるいは相手の思惑通りだったりすることだ。

これは、心理学の領域にもなるが、北朝鮮が得意とする「領導芸術」と呼ばれるマインドコントロールの手法であり、中国共産党が得意とする心理戦でもある。

そこには、事実も真実も必要ない。あるのは、選挙で選ばれることなく国民、人民を支配する政権の正統性を裏づけるための、修辞的技法である。人間としての生物的な生命より、北朝鮮や中国における政治的な生命の方が大事だという発想が深奥部に横たわるのだ。

だから、彼らはたぶん、ウソをついているなどとは思っていない。そんなふうに言うことが政治的に「正しい」と考えるから、そう言うのである。あるいは、そう言うべきであるからそう言うのであって、実際のところ、それが事実かどうかということは、二の次の問題になってしまうのだ（高沢晧司著『宿命 ―「よど号」亡命者たちの秘密工作』新潮文庫）。

これは、儒教思想に根差したものと言え、こうした発想は、国際条約などどこ吹く風とばかりに慰安婦や徴用工などでの日本批判をやめようとしない、韓国にも通ずる心理である。ことの真偽より、形式や見てくれを重視する儒教思想の色濃い影響が、そこにあるようだ。

ネットに潜行する中国のサイバー部隊

ネット上での、匿名による誹謗中傷や言葉の暴力が後を絶たない。最近では、女子プロレスラーの木村花さんが亡くなった。22歳だった。フジテレビの人気番組「テラスハウス」に出演し、番組中の言動に対して会員制交流サイト（ＳＮＳ）上で誹謗中傷されていた。

こうした、ネットの持つ邪悪な威力を最大限に活かそうとしているのが、中国の「五毛党」だ。ここでは、その実態に迫ってみたい。

彼らの正式名称は「網路評論員（インターネット・コメンテーター）」である。国内外で、中国共産党に有利な世論を醸成することを狙う、サイバー部隊だ。世論を誘導するための集団であり、「ネット水軍」とも呼ばれる。インターネット上で、中国共産党宣伝部の声を広げ、彼らにとって都合の良いストーリーを語る。通常は一般人を装い、インターネット上のコメント欄や、中国版のＬＩＮＥ「微信（ＷｅＣｈａｔ）」などを監視しながら、中国共産党政権に有利な書き込みや、摘発を行う。人権、領土、民族といったキーワードを使い、中国共産党と異なる意見を持つ組織や人物を、集団で徹底して罵倒したり、レッテル貼りしたりする、組織的なサイバーチームでもある。

当初は中国共産党がアルバイトを使って、固定給に書き込んだ量だけ支払う歩合制として、1本のコメントにつき、五毛（1毛＝1・5円、10毛＝1元）支給されていたことによる。それが始まったた2004年ごろから、「五毛党」と呼ばれるようになった。湖南省長沙市の共産党委員会宣伝局が、雇用したインターネット投稿者らに、600元（9千円）の基本給に加え、1本の投稿につき5毛の報酬を支払っていたと見られたためだ。最近ではバイト料金が値上がりし、冗談めかして五毛党ではなく、八毛党などとも揶揄される。

こうした五毛党は、2015年時点で1050万人いると見られ、中国共産党政権によるSNSへの「やらせ書き込み」は、年間4億8800万件にのぼるという。

彼らの姿は、米ニューヨークに本社のある「ビジョン・タイムズ（看中國）」のサイトにある動画で見ることができる。中国国内のインターネット・コメンテーター事務所では、投稿者である五毛党メンバーが、スマートフォンなど、たくさんの画面を見ながら懸命にSNSの監視や書き込み作業に取り組んでいる。

日本の公安関係者によると、日本における五毛党の書き込みで特徴的なのは、安倍支持やトランプ支持、反中国、反習近平といった、一見、保守層が好みそうなキーワードを駆使し、一般的に中国共産党への警戒心を持っていると思われる層の関心や注意を引くというものだ。

まずは日本の保守層を取り込んで警戒心を解き、ソロリと近づく手法である。アニメや女性のアイコン、壁紙などを使って近づき、ソフトイメージでターゲットを騙し、その取り込みを図る手法なのだという。

筆者の手元に、五毛党と見られる人物による書き込みリストがある。公安関係者から独自に入手したものだ。それを見ると、自称ウイグル人が「漢民族とウイグルの関係は良好だ」と語っていたり、「北朝鮮による拉致被害者の全員奪還、戦後レジームの脱却」などと言いながら、香港市民デモを「暴徒」と呼んでみたりしている。

彼らのプロフィール（自己紹介欄）を見ると「安倍支持。中華圏関連のつぶやきが多い。東アジアの平和と繁栄、日中友好路線を支持」「チベットの弾圧はウソ。チベット人」「安倍支持。度を超えた反中、反韓には反対」などなど。

彼らは、ルアーに釣られる魚のようにネットをさまよう、自称保守への接近を図る。だが、彼らの真の狙いは、彼らと異なる意見を持ち、中国共産党を敵視したり、批判したりするターゲットの「吊し上げ」である。

正面から反論するなど、議論や論争を目的とするのではなく、あくまで彼らの目的は吊し上げであり、その手法によって、組織的にターゲットの名誉失墜を狙っていると見られる点が要注意だ。

五毛党の特徴は、その書き込み頻度の多さだ。書き込みは1時間に5～10回にものぼる。また、書き込みの内容は、中国共産党が「敏感話題」とするトピックについて、異なる意見を認めず、党の主張をごり押しするのが特徴だ。

「チベットは共産党による開放政策で幸せに暮らしている」「ウイグルで収監されているのは薬物常習犯だ」「香港デモは、ただの暴徒」「天安門は暴徒への取り締まりに過ぎない」といった書き込みが、五毛党のものと疑われるという。

イタリアに本拠を置くインターネット上の情報誌「ビター・ウインター」を見てみよう。さきに、ベルルスコーニ元首相時代から現在のコンテ政権まで、イタリアはチャイナマネーに飛びついて、中国人警官との合同パトロールなど、やりたい放題されてきたと批判したが、一方では、こういう骨のあるメディアも存在するのである。

同誌は、中国における信教の自由と人権について報道するオンラインメディアで、2018年5月に創刊した。イタリアのトリノを拠点とする新興宗教研究センター（CESNUR）によって、毎日8言語でニュース記事が発信中であり、各国の研究者、ジャーナリスト、人権活動家が連携し、中国における宗教への迫害に関するニュースのほか、公的文書、証言などを公表している。

編集長のマッシモ・イントロヴィーニャ氏は、教皇庁立グレゴリアン大卒、トリノ大で博士号を修めた、イタリアでも著名な社会学者であり、宗教研究者だ。日本語サイトもあるから、興味のある方は覗いてみることをお勧めする。

このビター・ウインター誌（2018年12月24日付 電子版）によると、独自ルートで入手した五毛党に関する内部文書には、コメント投稿者の専門集団化に向けた、県レベルの共産党の戦略が記されていたという。文書は、「第六中央検査チームのフィードバックに基づく調整作業の責任分担計画」で、中国東北部、黒竜江省の県の共産党委員会の作成だ。

この内部文書は写真つきで報じられ、そこには、インターネット上の世論の取り組み強化、専門家によるトレーニング、攻撃と守備の訓練を通してインターネットへのコメント投稿者の対応速度を高めること、駆け引きに長《た》け、良質な専門スキルとスタイルを有し、なおかつ戦って勝つことができるサイバー軍隊を結成する努力をすること——などが明記されていた。

五毛党は、元々はゆるいネットワークであり、投稿者らはパートタイムで働くアルバイトに過ぎず、一貫性に欠けた運営が行われていた。そして、何らかの形で中国共産党の支援を受ける1千万人以上の投稿者のうち、フルタイムで作業を行っているのは15～20％だけという。

だが、現在は様相を異にする。同誌が入手した別の文書「思想作業責任体系の2018年前半の実行状況レポート」は、「新しいオンラインメディアは思想に大きな影響をもたらすため、街道〔中国における小規模な行政単位〕の党の作業委員会および街道弁事所〔街道の行政機関〕はフルタイムのインターネットコメント投稿者を雇用しなければならない」と、書き込みの強化を指示している。

また、「邪教とのインターネット戦争に向けた三年攻撃計画」という広東省の県が作成した文書では、県の職員に対して、情報戦争を国際化するよう命じている。この中で、「海外で反邪教に関するインターネットコメント投稿を行うこと」「戦いの必要性に応じて、省レベルの外部のプロパガンダサイトと海外のニューメディアのプラットフォームでコメントを投稿し、攻撃すること」「世論誘導チームを結成し、新しいインターネットテクノロジーとアプリケーションを用いて、反邪教インターネット戦争の影響を拡大すること」が指示されていた。

ここで言う「邪教」とは、法輪功や全能神協会などを指す。中でも、全能神教会は中国大陸の新宗教であり、中国共産党を「巨大な赤い龍」と呼び、これを倒して新国家を樹立すると主張しているため、2000年より、中国当局からは邪教と認定されている。法輪功よりも強い組織力を持ち、一度入信すると脱会することは難しいとされる。

2013年、習近平国家主席は、インターネットが「すでに目に見えない大きな問題になった」とし、サイバーセキュリティを担当する中央指導団を結成し、自らが指揮している。

「目に見えない大きな問題」とは、日本への浸透を図る中国共産党、あなた方自身ではないかと突っ込みを入れたくなるが、巨龍の動きは、あなどれない。決して警戒を緩めてはならない相手である。

さて、こうした習氏の鶴の一声で、中国共産党は、1千万人以上いる五毛党に加え、数百万人のエンジニアとコメント投稿者を動員した。さきのビター・ウインター誌によると、ドイツ在住のベテラン中国人ジャーナリスト、長平《チャン・ピン》氏は、インターネット上で私見を公開し、「五毛党がいかに効果的であっても、正当性に欠けるため、弁明することも擁護することもできません。敵国が諜報機関を採用することは考えられますが、大勢の市民を導入し、『変装』させ、異なる意見を持つ者を装って意見を操作する行為は、到底受け入れられません」と語ったという。

中国はネット社会の何を恐れているのか

習近平国家主席がサイバー中央指導団を結成したのと同じ2013年5月、米ハーバード大の研究チームが、中国のインターネット検閲について、初めてとなる大規模な調査を実施した。やや古い資料だが、大変興味深い結果が出ているので紹介したい。

ゲーリー・キング教授（統計学）は、中国当局による検閲について、かねて（欧米諸国が）想定していたのと違って、否定的な投稿はもとより、それが政府や指導部、政策に対する辛辣な批判であっても、思いのほか検閲されていなかった、と言う。だが、キング教授は続けて「その代わり、中国当局の検閲が目指しているのは、理由のいかんに関わらず、大衆行動を呼び掛けるような投稿を抑え込むことであることが分かった」と述べている。また、「中国当局の検閲は、現在起きている、あるいは将来起きる可能性がある、暴動のような集団行動を抑え込む方向に向かっている」と結論づけている。

つまり、中国当局は思いのほか、自分たちへの批判には寛容だが、天安門事件や香港デモなどのように、暴動につながるような集団行動の発生は、何が何でも封じ込める傾向があると言っているのだ。もちろん、政権批判や習近平批判をしても大丈夫というわけではないだろうが、検閲の大きな方向性は、暴動の発生を未然に防ぐことにあるとしている。

新型コロナウイルスで中国当局は、武漢ウイルス研究所の感染源説をめぐり、米国などを相手に、記者会見の場で、あるいはネット上で、激しい情報戦を繰り広げている。マスク外交も同様だ。だから中国当局は、ハーバード大が調査した時点よりさらに、国の威信をかけて、外交当局と足並みをそろえ、検閲を強化している可能性がある。

例えば、初動で情報を隠蔽し、世界各国にウイルスをばらまく結果となった自らの犯罪的行為を棚に上げ、「欧米は、中国での感染が分かってからの2カ月間、何をしていたのか」（在フランス中国大使館）、「世界は中国に感謝せよ」（新華社通信3月4日付 電子版）などと豪語しているのだ。

五毛党による集中的かつ大量の誹謗中傷により、敵の戦意を削《そ》ぎ、メンタルにダメージを与えるという手法は、今後、強化されることはあっても、なくなることはないだろう。日本への、インフラなど重要施設へのサイバー攻撃とともに、より組織化された形でわれわれに襲いかかってくるのを、いち早く見つけ、撃退する方法を構築する必要がある。

第七章　「日本人狩り」の恐怖

人質外交で北大教授を拘束

中国による「静かなる侵略」は、水源地の取得やチャイナ団地といった、目に見える橋頭堡づくりだけにとどまらない。社会的地位のある人間を、人知れず拉致、誘拐するという、非合法的な手法を伴うものもある。

現在の日中関係を象徴するような事件が発覚した。北海道大学の日本人男性教授の失踪事件である。中国武漢コロナウイルス蔓延の影響で延期となった習近平国家主席の来日だが、この北大教授の失踪が表面化した2019年秋の時点では、習氏の来日を前に、とにもかくにも、日中関係に波風が立たぬよう、もっと言えば、中国の機嫌を損ねぬよう、日本政府は北京の意向を忖度《そんたく》していたのである。

そんな中で表面化したのが、9月に中国を訪問した40代の男性教授の拉致、誘拐事件である。中国当局が現在までも、教授に対する具体的な「容疑」事実を開示していない以上、その限りにおいて、彼らのやっていることは拉致であり、誘拐なのである。国家犯罪と言ってもいい。

まず、北大教授が中国当局に身柄を拘束されていたことが、2019年10月18日に判明した。産経新聞が前日の自社サイトに流していたので、正確には17日に世の中の多くの人が知るところとなり、産経が1面トップで詳しく報じたのはもちろん、翌日、朝日新聞や民放各社が一斉に後追いした。

男性教授とは、岩谷將《いわたにのぶ》教授である。日本人であり、防衛省の付属機関である防衛研究所や、外務省に勤務した経験がある。拘束に当たって、スパイ活動など「国家安全危害罪」に関連する容疑を受けたと見られる。しかし、これは濡《ぬ》れ衣《ぎぬ》である可能性が高い。中国当局が今に至るまで、岩谷氏の具体的な容疑事実を明らかにしていないからだ。

岩谷氏は、中国社会科学院・近代史研究所の招待に応じて訪中した。2週間の滞在予定だった。しかし9月初め、訪問先の北京から家族に電話で、「体調が悪くなったからしばらく帰れない。滞在が長引く」と話し、消息を絶った。

以前から岩谷氏は、研究で訪中するたびに尾行がつき、盗聴されていると苦笑いしていた。日本国内にいるときも、在京中国大使館に所用で立ち寄ったり、在留中国人と接触すると、その日の晩には、彼の行動を確認する電話が入るなど、絶えず誰かに監視されていたという。

産経新聞社の社会部時代、警視庁で経済事件や公安事件を担当していた筆者の推測に過ぎないが、日本国内でも彼の動静が、中国大使館のみならず、さまざまな方面から注目されていたのは、おそらく間違いなかろう。無論、岩谷教授は、中国という独裁国家と関わることの危険性を、十分に分かっていたことだろう。純粋に学術的な研究であったとしても、そこには深い闇が広がっているのである。アカデミズムもそうだが、とりわけジャーナリズムに身を置く者は、その危険性を十分に認識する必要がある。

岩谷氏は結局、2カ月後の11月15日に解放、帰国を果たした。産経新聞のスクープと、それを追いかけたNHKの報道に慌てたことで、日本政府を突き動かしたのだろう。その後、安倍晋三首相が李克強首相に岩谷氏ら拘束日本人の早期釈放を迫り、中国政府を動かした。解放までの家族の心中は、いかばかりだったか。さぞ安堵したことだろう。

安倍晋三首相は15日、首相官邸で記者団にこう語った。

「岩谷北海道大学教授が本日、解放された件についてお答えをいたしますが、政府としては岩谷教授が拘束されて以降、あらゆるレベルで早期帰国に向けて働きかけを行ってまいりました。私自身、1日も早くご家族のもとに帰れるように強く要請をしてきたところであります。その中で、今般、岩谷教授が無事に帰国され、ご家族の皆さまと再会できたことは、本当によかったと思っております」

筆者は、外務省が岩谷氏拘束の事実を首相官邸に報告していなかった事実を把握している。

２０２０年4月ごろ、習近平国家主席を国賓として招く計画があり、首相官邸としても事を荒立てたくなかったという事情はあったろう。外務省も、それを忖度したのだろうか。

　産経新聞が岩谷氏の一件を報じるまで、首相官邸はこの事実を把握しておらず、「首相が外務省をどやしつけた」（首相官邸筋）という。

　中国外務省は、教授が国家秘密に関わる資料を違法に収集し、刑法と反スパイ法に違反したと説明している。この、２０１４年施行の反スパイ法は「国家秘密に属する文書や資料などを違法に所持した者は、法に従い刑事責任を追及する」と規定している。一方、刑法については、国家安全危害罪のうち「国家秘密を探り、買収した罪」や「スパイ罪」の適用が考えられるが、いずれも「外国の機関や組織、人員」のための行為であることが条件だ。しかし、岩谷氏に関する中国外務省の発表にそうした言及はなく、結局、証拠は得られなかったもようだ。

　中国当局は、こうした邦人拘束が日中関係に影響しないと、軽く踏んでいた節がある。例えば、２０１９年2月に伊藤忠商事の社員を国家安全危害容疑で拘束した際は、李克強首相の公式訪日を3カ月後に控えていた。だが、報道により拘束が明らかになったのは、1年も後のことだった。ここは推測だが、日本政府に箝口令を強要された伊藤忠商事が結託して、自社の社員が拘束されている事実を伏せていた可能性がある。さしずめ、伊藤忠商事が日本の外務省から「表《おもて》ざたにして騒ぐと、解放がさらに長引く可能性がある」とでも言われたのだろうか。

　しかし結果はご覧の通りで、表ざたになってもならなくても、その後も取引材料として利用されているのだろうか、人質外交よろしく、いまだに容疑事実を開示されないまま、社員は身柄を拘束されたままである。

今回の岩谷教授の場合、拘束の事実が1カ月余りで報道されたのは、中国当局にとって想定外の事態だったのではないか。北京の政治研究者は、教授の解放について、「日本国内の反響が大きく、外交的な影響を考慮した面が強い。これまでなかったケースだ」と指摘した。

さて、その岩谷氏だが、中国政治が専門で、防衛研究所・戦史部教官のほか、外務省大臣官房・国際文化協力室の主任研究官を務め、2016年から北大の法学研究科と法学部の兼任教授となった。慶応大出身の法学博士である。

しかし、中国政治が専門とはいっても、岩谷氏の研究実績を見ると、そのテーマは、日中戦争初期の対日方針や中国共産党情報組織発展史、北伐後における中国国民党組織の展開とその蹉跌——など、戦史に関する論考がほとんどだ。実際のところは分からないが、公表された論考を見る限り、陸海空、サイバーや宇宙、電磁波などの、いわゆるインテリジェンス（軍事情報）とは縁遠い研究をしていたようである。

岩谷氏について、中国外務省の華春瑩報道官は19年10月21日の記者会見で、「中日領事協定の関連規定に基づき、日本側のために必要な協力を行う」と述べ、身柄を拘束していることを事実上認めた。拘束容疑など具体的な状況については「把握していない」と説明を拒否したが、「日本側は自国民に中国の法律を尊重し、中国で犯罪活動を行わないよう注意を与えてほしい」

と拘束を正当化している。

華氏は同時に、「中国は法治国家であり、関係部門は理由もなく外国人を拘束しない」と主張し、今回の事件が日中関係に影響するとの見方に対しては、「個別事案にすぎない」として否定している。

だが、思い出してほしい。三権分立を否定する中国で、中国共産党の支配から独立した司法判断など、存在しないのである。習近平政権はしきりに「法に基づく統治」を唱える一方で、「法治」は党の指導下にあるとも強調している。中国による法の恣意的運用は、疑い出せばきりがない。政治の風向き次第で人身の自由を奪うことなど、今や中国のお家芸だ。

こうした、中国当局の見解に騙されてはいけない。彼らの二重基準（ダブルスタンダード）は目に余る。その見本が、中国の通信機器大手、華為技術（ファーウェイ）の孟晩舟副会長が2019年12月に、米国の要請でカナダ当局に逮捕された一件だ。このとき中国外務省は、「理由を示さないままの拘束は人権侵害だ」とカナダ当局を厳しく批判したが、どの口が言うのか――という気がしてならない。

次々と拘束される民間人

もっとも、中国共産党の一党支配という独裁国家にあって、何をしようがしまいが、その人間に利用価値があると認定されれば、何とでも理由をつけて身柄を拘束されてしまう、それが今の中国なのである。頼まれて温泉掘削に協力し、穴を掘ろうとしただけで捕まったケースもある。中国当局は2014年以降、スパイ活動に関与したなどとして邦人の男女15人を拘束している。いずれも、温泉を掘り当てようと穴を掘った技術者を含む、民間人だ。ちなみに、今回の岩谷教授のような、準公務員である国立大学教員の身柄拘束が確認されたのは、初めてのケースだ。

拘束された民間人たちは、死刑を科すことも可能なスパイ罪などで拘束された。このうち4人は、容疑が晴れたとして釈放されたものの、10人を起訴し、8人に懲役15〜5年の実刑判決を言い渡している。さきほど触れたように、2019年2月に広州市国家安全局が拘束した大手商社、伊藤忠商事の40代の男性社員は、今なお公判中だ。

さて、今回の岩谷氏の拘束で想起するのが、東洋学園大学の朱建栄教授（63）の身柄拘束事件だ。朱氏の一件は、出身が中国と日本という国籍の差はあるが、同じアカデミズムに所属する大学教授であるという点で、共通する。かたや中国人、かたや日本人の、共に日中関係の研究者だ。

だから、朱氏が拘束されたケースをレビューすることで、岩谷氏拘束の背景や奪還の道筋が見えてくるのではないかと思い、朱氏のケースを少し振り返ってみたい。

朱氏は2013年7月、会議に出席するため中国・上海に行き、連絡が取れなくなった。その後、同年9月、中国外交部の洪磊報道局副局長は、「朱氏は中国国民であり、中国の法律と法規を順守しなければならない」と述べ、スパイ容疑で取り調べをしていることを認めた。

朱氏の場合、1990年代に日本で出版した著書の中に、朝鮮戦争などに関する中国側の未発表資料が引用されていたほか、日本での講演やメディア関係者に送付したメールの中に、尖閣諸島（沖縄県石垣市）に関する非公開の外交文書があったという。朱氏は、これらの資料を日本で公開したことを認めたが、「国家機密とは知らなかった」などと主張していた（産経新聞2013年9月27日付 電子版）。

このときの産経新聞では、矢板明夫特派員（当時）が北京電で、以下のように伝えている。

中国国家安全省が最も問題視しているのは、朱氏が日本の政府機関から資金提供を受け、中国の政治、軍事などに関する機密情報を収集し、提供していた〝疑い〟だという。矢板記者は、中国生まれの中国育ち、中国残留2世で、現在は台北支局長である。

矢板氏によると、中国の国家機密の設定には、いくつかのランクがあるそうだ。それは、絶密、機密、秘密、内部参考、などだという。だが、こうした設定基準は公開されたものではないため、インターネットで簡単に調べられる資料でも、実は国家機密だったという場合がある。

つまり、どこに落とし穴があるか専門家でも見当がつかず、逆にそれが中国当局による恣意的な身柄拘束を許す温床になっている、ということだ。これでは、純粋に学術研究のために訪中した日本や中国の学者は、いつ安全局に身柄をさらわれるか分からず、怖くて研究活動などできないだろう。

さきの朱氏のケースでは、中国政府に実害をもたらすようなものではなく、中国側に優位なものも含まれていたことが分かっているが、では、なぜそんな朱氏が拘束されたのか。それは岩谷氏の事件にも通底しそうだ。

さきほどの矢板電によると、通常なら問題視されることがないような案件でも、日中関係が悪化する中では、朱氏ら複数の在日中国人を拘束することによって、日本にいる他の中国人学者に対し、「日本の政府関係者と親密な関係を持ってはならない」という警告を発する意味があるのだという。１９９０年代、中国と台湾の両岸関係が緊張したときも、台湾と関係が近い中国人学者が複数拘束されたという。朱氏のケースでは、台湾でなく在日の中国人学者がターゲットにされたわけだ。

ただ、岩谷氏の場合は、中国人ではなく日本人である。すぐに想起されるのが、伊藤忠商事の社員のように、中国当局と学術研究やビジネスを通じて何らかの関係がある日本人が拘束されているという事実だ。中国当局はどうやら、自分たちと何らかの接点がある人物、場合によっては、自分たちにより近い人物の身柄を拘束することで外交カードに利用しようとする、古典的な政治戦術を好むようである。

だが、これが人質外交でなく、なんであろうか。北朝鮮による日本人拉致事件と、本質は変わらないではないか。むしろ、中国共産党政権の方が〝親分筋〟であるだけ、やり口も堂に入っているし、手だれていると見ることもできよう。

日本の外務省が箝口令を敷いた？

詳しくは後述するが、岩谷氏の拘束に対し、ふがいない態度の北海道や北大を尻目に、声を上げたグループがいる。

日本の中国研究の第一人者らでつくる「新しい日中関係を考える研究者の会」（代表幹事・天児慧《あまこさとし》早大名誉教授）だ。２０１９年10月29日、今回の事件について、「言葉にし難い衝撃を受けた」とする緊急アピールを発表、中国政府に「深い懸念」を表明し、拘束理由など関連情報の開示を強く要求した。

アピールには、「理由が不明なままの拘束は、国際社会では到底受け入れられない。その結果として中国のイメージに大きく傷がつき、人々の不信感が増長することは避けられない」とある。また、拘束事件を受け、中国訪問をキャンセルしたり、交流事業を見直したりする動きが広がっているとした上で、「日中間の学術交流には好ましからざる影響がたち現れている」と指摘しつつ、「日中関係の健全な発展に大きな影を落としている」と憂慮し、中国側が日本側の「危機感」を理解するよう求めた。

今回、大学の研究室を通じて天児氏に連絡を取ったが、「事態はまだ動いており、取材には応じられない」という返事が返ってきた。さきのアピールも、拘束事件が決して他人ごとではないという切迫感から出した声明であろう。同じ分野の研究者であり、拘束された岩谷氏のこともよく知っているはずだ。心中を察し、取材でしつこくつきまとわないことにした。

内幕話になるが、産経ニュースの速報を知り、慌てて裏取りに走った各紙の記者は、北海道警察や警察庁、外務省に当たったものの、ことごとく否定されたという話を後日、耳にした。自分が所属する新聞社の自慢話になって口はばったいが、そんな中、よくぞ裏をとって正確な記事をいち早く出したものである。

ともかく、産経新聞はじめ、各紙がこぞって報道しなければ、岩谷氏に対する中国当局の人権侵害は、国民の知らぬうちに、闇から闇に葬られていたことだろう。さきほどの中国外務省の華報道官は、「個別事案にすぎない」と言い放った。職務上、仕方ないとはいえ、彼女だっていつなんどき、職務上の責めを負わされ、ある日突然、公安当局に身柄を拘束されるか分からないのである。老婆心ながら、ご自身もそんな非民主的な独裁国家に仕えているのだということを、忘れてほしくない。

しかし、それ以上に深刻なのは、こうした中国政府と足並みをそろえるかのような、日本政府の対応である。取材ソースによれば、この件に関しては、外務省が箝口令を敷いていたというのだ。筆者は、首相官邸の意向を受けた外務省が、北大と北海道に圧力をかけていたとの証言を得た。取材記者たちから問い合わせがあっても、知らないことにせよという指示だ。

いま、北大もだらしない、動かぬ北海道もいかがなものかと、腹立たしい限りなのだが、こうした箝口令が敷かれていては、どうしようもない面も確かにあろう。だが、ウンでもなければスンでもない北大の腰の砕けた姿勢は、大志を抱く受験生たちから、むしろダメ出しを喰らうのではなかろうか。拘束理由も開示しないまま海外で不当に身柄を拘束されても、助けようともしてくれない、声の一つも上げてくれない大学・研究機関など、中国訪問はもちろん、日本にいても危なくて、腰を据えた学問などできるはずがないからである。

一方の北海道であるが、今回の岩谷氏の一件は、王岐山国家副主席が来札する前、鈴木知事にも報告が上がっていたという。だが、関係者によると、「王氏が来日、来北するので、事を荒立てるな」と言われたという。さらに、「習近平国家主席を国賓として招くので、習氏が来日する前の3月までには、岩谷氏を解放してもらう。それまでは騒がないでほしい」と釘を刺されたという。

一体これはどういうことか。9月に起こった岩谷氏の拘束が年をまたいで長期化し、北海道にも雪解けで春の兆しが現れたころに解放され、それが習近平国家主席来日の手みやげにされる、ということを意味するのではないか。筆者の脳裏を過ぎったのは、そんな「人質外交」の最終章である。

自国民も保護できず、あまつさえ箝口令を敷くなど、日本政府はあまりに姑息に過ぎないか。首相官邸と外務省が裏でコソコソやるのではなく、警察庁にもきちんと意見を言わせて、駐日中国大使館の職員を追放するぐらいの気概を見せたらどうなのか。

日本にはスパイ罪などなく、手も足も出せないのだから、せめてこのくらいのことは、カードとして切る決断があってもおかしくはない。それが国際スタンダードである。

むしろ、そうすることで、中国がバーターで岩谷氏を解放し、帰国を早める可能性だってあったのではないか。官邸や外務省が恐れるほど、中国政府はガタガタと事を荒立てる弱小国ではない。三国志の国である。権謀術数、孫子の兵法、なんでもありの国である。習氏の来日にケチがつけば、困るのは日本だけでなく、中国も同じであるという点で、外交上の弱みを共有しているからだ。

外交的な弱腰が目立った、あのオバマ米大統領ですら、2016年12月末、ワシントンの大使館とサンフランシスコの総領事館で勤務するロシア人外交官35人とその家族を「ペルソナ・ノン・グラータ」(好ましくない人物)に指定し、米国を退去するよう命じているのだ。これに対してはロシアも、「かなり不都合な対抗措置をとる」とし、翌年7月、ロシアに駐在する米外交官ら計755人を削減すると発表している。

誘拐犯にお茶を出す北海道

それにしても、さきほども書いたように、この北大の沈黙は何なのか。自分の大学に所属する、しかも招聘された教授が他国に身柄を拘束されているというのに、声明ひとつ出すわけでもなく、「ダンマリ」を決め込んでいる。教授会は何をやっているのか。北大を去る際、別れを惜しむ学生らに、「少年よ、大志を抱け！」と励ましたクラーク博士も、草場の陰で泣いているのではないか。少なくとも、今の教授たちに、北大の礎《いしずえ》を築いた博士の後裔を名乗る資格はない。

もちろん、すべての教職員が腰抜けだと言っているわけではない。中には、スラブ・ユーラシア研究センターの岩下明裕《いわしたあきひろ》教授（国境学）のように、同様に中国に身柄拘束された、北海道教育大の袁克勤《えんこくきん》教授救出活動で声を上げている勇気のある方もいる。それでも、組織としての北大が、日本政府や中国当局に向けて何らの声明も出さないのは、まったくもって解《げ》せない。解せないどころか、むしろ中国と気脈を通じているのではないかと、勘ぐりたくなってしまう。

北海道も同罪だ。今上陛下の即位の礼に出席するため、２０１９年10月に来日した中国の王岐山国家副主席が北海道入りした際には、北海道主催の歓迎昼食会を開き、鈴木直道知事が王副主席をもてなした。中国首脳としては、李克強首相も18年5月に北海道を訪れている。

王岐山氏は、洞爺湖周辺を巡って紅葉を楽しんだというが、これを額面通りに受け止める外交のプロはいないだろう。

王副主席閣下には悪いが、北海道のやっていることは、自分の子どもを誘拐した犯人に茶を出してもてなすようなものである。確かに王氏だって、自分が北海道入りする前に、岩谷氏拘束の一件が表ざたになるとは思わなかっただろう。王氏の日程は、北海道による昼食会を除き、すべて極秘にされた。まがりなりにも中国共産党のナンバー2だ。何をそんなにコソコソしているのか。よほど後ろめたいことでもあるのかと勘ぐりたくなる。警備上の理由だけでは説明がつかないことは、論をまたない。

この王氏は、習近平指導部1期目に、党中央規律検査委員会書記として江沢民元国家主席に近い政治家を摘発し、習政権の権力基盤構築に貢献した重要人物である。

さて、道主催の昼食会は唯一、日程こそ公表されたが、非公開で行われた。終了後、報道陣に対し道幹部は、「報道されている事案を、道として確認していない。話題に出たかも含め、コメントを控える」とした。何と言う腰抜けぶりか。王氏の視察の目的については「本人の希望で来道したとうかがっている」と説明し、王氏は「交流を強化していきたい」と話したというのであるが、そんなことは聞いていない。王氏らが在留中国人、とりわけ北海道で水資源や森林地帯の爆買いに奔走する在留中国人に、直接指令を出していたのであろうことは、容易に推測がつく。

さしずめ、中国資本の北海道への集中投下による経済的隷属化、それによる政治、経済、人口圧力の効果的差配やその強化について、日本にいる全在留中国人を集めて講釈を垂れ、指令を発出したのだろう。

何しろ、北の大地に対する、昨今の中国による執着ぶりは、尋常ではないのだ。東京ドーム1千個分を超える水源地の爆買いや、自衛隊基地周辺の土地物色など、合法的な土地買収が進む。札幌市中心部のすすきのでは、中華街構想が浮上している。そんな中、わざわざ特別機を仕立てて東京経由で北海道までやって来たのである。王氏の本当の来日目的はこの辺にあると、思わない方が不自然だろう。

前年の李首相といい、中国首脳の相次ぐ北海道入りは、中国による北海道への影響力拡大を狙ったものと見て間違いない。その核心は、巨大経済圏構想「一帯一路」にある。釧路、苫小牧の両港を、北極海に抜ける重要ルートとして拠点化する狙いが、中国側に存在する。そうなれば、われわれ日本人は、中国船舶が津軽海峡を日に何度も大手を振って航行するのを見ることになるであろう。

中国は2018年1月、北極海に関する基本政策「北極政策白書」を初めて公表した。温暖化によって生まれた北極圏の海上交通路を活かすという国家戦略が背景にある。そして、北極海を「氷上のシルクロード」と位置づけ、一帯一路のタテ軸として活かすため、アイスランドやデンマーク領グリーンランドにおける拠点化を急ピッチで進めている。トランプ米大統領が当時、グリーンランドの買収を口にしたのは、こうしたせめぎ合いが背景にあろう。北極圏が中国に席巻されつつある現状は、前著『日本が消える日』にも詳述した。

李首相の北海道入り後、在日中国大使館の公使ら一行が、釧路市役所を訪問している。公使は釧路市内で「北の釧路、南のシンガポール」と題して講演し、「釧路港を北極航路として有効的に活用したい」などと述べ、中国の一帯一路への理解を求めている。

北大教授を拘束した中国の思惑

それにしても、中国当局が岩谷氏を拘束するメリットがどこにあるのかと思う読者も少なくないだろう。実際のところ、中国外務省の華報道官が言い放つ通り、個別のスパイ事案であり、政治的な背景などないのだろうか。

筆者は、習近平国家主席の国賓としての来日を成功させ、日中関係を安定的な発展軌道に乗せたいという日本政府の足元を見られたと考える。

すなわち、岩谷氏を拘束することで、日本政府および安倍政権を試した、テストした――のである。王副主席の来日前に、どこまで日本政府は中国の嫌がらせに耐えうるのか、日本政府の堪忍袋の緒の固さ、日本人の対中認識の〝水温〟を測っていたのだ。

習近平指導部は、通商分野などで米国との対立局面が増えている。日本をはじめ周辺国との関係改善は優先順位が高く、米国との関係にクサビを打つ意味合いからも、日本との距離をひとまず縮めておこうとの思惑が、近年は前面に出始めている。

だが、天皇皇后両陛下の即位の礼に王岐山国家副主席を派遣するなど、友好ムードを演出する一方で、岩谷氏らのように事実関係を明らかにしないまま邦人を投獄するなど、人権侵害はエスカレートする一方である。

安倍晋三首相が繰り返し口にするような、日中関係が「完全に正常な軌道に戻った」という事実は微塵もないのである。それは、尖閣諸島周辺海域への出没や領海侵犯を繰り返す中国公船の動きを見るまでもない。２０１９年４月12日から６月14日まで、64日連続で過去最長（当時）だったほか、即位の礼に出席するため王岐山国家副主席が来日した10月22日から11月４日まで、20日連続で確認されているのだ。舐められているとしか言いようがない。さらに、20年６月24日時点では、12年９月に尖閣諸島を国有化して以降、72日間と最長の連続日数を更新している。

むろん、いったんは延期された習近平国家主席の来日が結果的に失敗するようなことになれば、日中関係は修復不能となって、長期にわたり収拾がつかなくなる恐れもある。それどころか、日本の領土や国民の生命の安全が、いっそう脅かされる事態になるやもしれない。

もちろん首脳外交には、国民の預かり知らぬ事情や思惑もあろう。そんなことは百も承知である。その上であえて言えば、国賓として習氏の来日を、もろ手を上げて歓迎したいという日本人が、どれほどいるのか。

武漢でパンデミックが起き、そこから世界中に未曾有の災厄が広がった今、習氏を「歓迎」する日本人などいるのか。少なくとも筆者は、放火魔が消防士を装って「われわれに感謝せよ」などと中国がのたまっているような今の状況が改善されない以上、習氏の国賓来日に明確に反対する。

消えた天安門事件の「闘士」

前出、朱建栄氏の一件を見るまでもなく、中国当局による「静かなる侵略」は、日本に滞在する自国民をも、容赦なく標的とする。

２０２０年の今年、これまでの日本人に加え、日本で学術研究している中国国籍の学者が中国で拘束されていたことが、新たに判明した。音信が途絶えてから10カ月も経過した3月下旬、中国政府が、北海道教育大の中国人教授（64）を取り調べ中であると公式に認めた一件だ。

教授の拘束が、法の支配に名を借りた問答無用の身柄拘束だとしたら、著しい人権侵害である。彼らはスパイ容疑で拘束したと正当性を主張するが、証拠も開示せずに、だれがそれを信用できるというのか。

今回、新たに身柄拘束が明らかになったのは、北海道教育大の袁克勤教授（東アジア国際政治史）である。袁氏は、１９８９年に起きた中国・天安門事件の際に民主化運動に注力した「闘士」として知られる。

3月26日、中国外務省の耿爽報道官は、日本人記者の質問に答える形で、中国で前年5月から音信不通となっていた袁氏について、「スパイ犯罪」に関する容疑で中国の国家公安部門から取り調べを受けていることを、初めて明らかにした。

耿報道官は、袁教授が「犯罪事実に対して包み隠さず自供している」と述べ、「証拠は確かだ」と主張している（産経新聞3月27日付 朝刊）。現在は、検察機関が起訴の可否を判断するための捜査を進めているといい、「刑事手続き上の権利は十分に保障されている」と述べた。

習近平国家主席の国賓来日の一件も含め、とかく北京の顔色ばかりうかがっているようにしか見えない日本政府だが、中国が先に公表した以上、さすがに反応せざるを得なかったのだろう。西村明宏官房副長官は翌日の記者会見で、「袁教授は長年にわたって、わが国の大学で教鞭に就かれていると承知している。関心を持って注視している」と語った。だが、「事柄の性質上、コメントは控えたい」と述べるにとどまった。

この件に関する海外メディアの関心は高く、米紙ワシントン・ポストは「自白して有罪判決を受けた人の多くが、拷問や脅迫を受けて自白したと話している」と報じた。香港紙サウス・チャイナ・モーニング・ポストは、「中国では、習近平政権になってから、安全保障の名目で外国の組織や個人への調査を強めてきた。日本人だけでなく、多くの外国人が拘束されている」と指摘している。

筆者が個人的に驚いたのは、耿氏が3月26日、袁教授の拘束を公式に認めたタイミングだ。袁氏の解放に向けて支援活動を続けている、さきに紹介した北海道大の岩下明裕教授（国境学）に、筆者が初めてインタビューした、わずか2時間後のことだったからだ。

袁教授が中国で音信不通となったことは、前年の12月下旬、札幌からの報道で知っていた。

しかし、いつ無事に帰国できるのか、といった解放時期の話どころか、中国政府が袁教授の身柄拘束をいつになったら認めるのかすら、まったく見当がつかない状況だった。そんな中での発表だったのである。

中国の工作員に仕立てられた妻

筆者が独自ルートで入手した情報をもとに、袁氏が消息を絶つまでの経緯を追ってみよう。

袁教授は中国吉林省の出身。2019年5月25日、母親が亡くなったために、中国に一時帰国した。葬儀に参列した翌日の29日、大学の用事で中国・瀋陽市に向かった。その途中、吉林省長春市の路上で、中国国家安全局と思われる男たちに、妻とともに連行されたのだ。夫婦別々の車に押し込まれ、違う場所に連れていかれた。袁教授は、長春市の第3看守所に収容されたことが、後になって分かった。

妻は3日後に釈放されたが、このとき初めて、身柄を拘束したのは安全局だったことを知った。担当者から、釈放の条件として「いったん日本に帰国し、袁教授のパソコンや携帯電話、出版物などを中国に持って来る」よう指示されたという。

19年6月中旬、妻は一人で日本の家に帰宅した際、勤め先の北教大に対し、夫の袁教授が「高血圧の治療のため戻ることができない」と伝え、安全局に指示された袁教授のパソコンなどの所持品を持って中国に戻ったという。

だが、自責の念にさいなまされたのだろう。再び日本に戻った袁教授の妻は、袁氏の妹で、広東省深圳《しんせん》市で働いていた袁克智さんに洗いざらい打ち明け、ようやく事件が発覚した。妻と妹とは、仲の良い友人関係だったという。

慌てた克智さんが現地の安全局に問い合わせると、袁克勤氏はスパイ容疑で取り調べられているとのことだった。妹や、後に雇用が認められた弁護士も一切接触できないどころか、安全局は公式には拘束の事実すら認めず、外交部（外務省）に問い合わせても、一切返事がなかったという。

その後、二人の弁護士を雇うことができた。弁護士の一人は袁克智さんに、学術上発表したものに何らかの問題があり、それが身柄拘束された理由になった可能性は捨てきれないとも伝えてきた。

さきに、中国の国家機密の設定には、「絶密」「機密」「秘密」「内部参考」などがあると述べた。ただ、こうした設定基準は公開されていないため、インターネットで簡単に調べられる資料でも、実は国家機密だったという場合がある。つまり、当局の難癖で、いとも簡単に身柄拘束される恐れがあることは、北大の岩谷教授のケースで指摘した通りだ。

さて、袁氏は、かつての闘士らしく筋を曲げなかったのだろう。取り調べに耐え、検察当局も、証拠不十分で袁氏を起訴できぬまま、不当に拘束を続けていた。

明けて2020年1月、中国当局関係者から妹の克智さんあてに、「国家安全局の補充調査が終了した」との連絡が入った。袁教授は証拠不十分で無罪となり、この一件から安全局が手を引くという内容だったが、「不当逮捕だとして袁氏が安全局を反訴しないよう、思想工作をする必要がある。釈放にはまだ時間がかかる」とも伝えてきた。同時に、「袁氏が思想工作に非協力的であるとの理由で、釈放に反対する勢力が安全局内にいる。今はまだ騒ぐな」と忠告されたという。

結局、3月上旬、検察当局は袁氏を起訴し、身柄は長春市の中級人民法院・刑事事件第2法廷に移送された。

袁教授をめぐる経緯は、ざっと以上である。これらの事実は、直接、中国当局に確認したわけではない。もっとも、確認を求めても答えるはずはない。だが、弁護士の話がベースになっているので、親族らの証言は注目に値しよう。

「父を助けてほしい」と長女

中国政府が袁克勤教授の身柄拘束を公式に認めた2020年3月26日の午後（現地時間、同日未明）、カナダ西岸のバンクーバー市に住む、長女の袁莹《けい》氏が、筆者の電話取材に応じてくれた。莹氏は、吉林省長春市の出身。幼少時に、袁教授ら家族とともに日本に移住し、高校卒業まで札幌市で育った。主なやりとりは次の通り。

――袁教授の身柄拘束は、いつ知ったのか

「たった今、父の消息を伝えるニュースを聞いたばかりで、すごくショックだ。2回も不起訴になっていたことは、中国にいる親戚からの連絡で知っていた。証拠がないからだ。証拠がないにもかかわらず、当局が父、袁克勤の拘束を続けるのは、何らかのシナリオに沿って父を有罪にしようとしているからとしか思えない。30年近く日本で教壇に立っていた父が、今さらスパイなんかするはずがない。中国安全局は『法にのっとった手続きを進めている』というがウソだ。ぜひ父を助けてほしい」

――協力してくれた中国当局の関係者が言うように、報道されると中国当局が態度を硬化させ、かえって釈放が遅くなるのでは

「そういう見方もあるかもしれないが、何もしないのが一番危険だ。仮に裁判で無罪となっても、別の理由をつけて安全局に逮捕されるかもしれない。北大の岩下明裕教授や、元教え子のみなさんが動いてくれている。今回はたまたま父が逮捕されたが、中国ではたくさんの無実の人が拘束されている。この事実を日本のみなさんにも知ってほしい」

中国外務省が袁教授の拘束を正式に認める前の2020年1月23日、袁氏の同僚の百瀬響《ももせひびき》教

授や教え子らが、袁教授の職場復帰に向けた支援を求め、在札幌中国総領事館のポストに嘆願書を投函した。アポなしを理由に、総領事と面会できなかったためだ。

北大の岩下明裕教授は2月5日、袁教授の長男、成驥《せいき》氏（28）らとともに、札幌市内で会見した。成驥氏は「父は定年間近で、体が心配だ。父が無事に帰って来られる状況になってほしいと心から願っている」と語った。

また、袁教授と大学時代に同級生だった立教大法学部の佐々木卓也教授は「袁氏は大学時代に天安門事件の抗議運動をしていた。拘束に関係している可能性がある」と語ったという。

救援活動は続く。3月27日には、袁教授の仲間の研究者有志が、証拠の開示と一刻も早い解放を求める緊急声明を出している。声明は、中国政府に対し、袁教授がスパイ犯罪に関わったとする確かな証拠を示すとともに、弁護士の接見を認め、公の場で袁教授の発言の機会を設けるよう求めている。その上で、「何の証拠開示もないまま起訴されれば、日中の学術交流だけでなく、人的往来に壊滅的な打撃をもたらすことになるのではないかと深く懸念する」と訴えている。

また、3月31日には、教え子らが北教大の蛇穴治夫《じゃあなはるお》学長宛てに、教授解放に向けて関係機関との交渉を進めることなどを求める嘆願書を提出した。

中国当局に身柄拘束された中国籍の研究者で想起するのが、さきにも触れた東洋学園大学の朱建栄教授だ。朱氏は上海生まれ。華東師範大学で日本文学を専攻し、日本人女性研究者と結婚後、1992年に博士論文「毛沢東の朝鮮戦争」により、学習院大学で博士（政治学）の学位を取得した。96年から東洋学園大学人文学部教授を務めている。

だが、2013年7月17日、学術会議に出席するために上海市を訪れ、音信不通になった。中国外務省の洪磊報道局副局長は同年9月、「朱氏は中国国民であり、中国の法律と法規を順守しなければならない」と述べ、国家安全局が朱氏の身柄を拘束されていることを正式に認めた。朱氏は翌14年1月17日に解放され、上海市の家族宅に戻った。

さて朱氏の容疑だが、先述したように、日本で出版した著書の中に、朝鮮戦争などに関する中国側の未発表資料が引用されていたほか、日本での講演やメディア関係者に送付したメールの中に、尖閣諸島（沖縄県石垣市）に関する非公開の外交文書があったというが、詳細は不明である。

以下は繰り返しになるが、朱氏は、これらの資料を日本で公開したことを認めたが、「国家機密とは知らなかった」などと主張（産経新聞2013年9月27日付 電子版）。産経新聞によると、中国国家安全省が最も問題視しているのは、朱氏が日本の政府機関から資金提供を受け、中国の政治、軍事などに関する機密情報を収集し、提供していた「疑い」なのだという。

実は、昨年2019年11月、北大の岩谷教授が解放された直後に、偶然、朱氏の講演会が都内で開かれたため、聴講する機会があった。米中関係など国際関係についての内容だった。

講演終了後、朱氏自身の拘束中の出来事、さらには北大の岩谷教授がなぜ拘束され、2カ月後には解放されたのか、2人きりになった際に見解をうかがった。

正直なところ、こちらが目的で講演会に来たのだが、何しろ初対面で、周囲に目のある場所でのことである。きわめてデリケートな話を、こうした場で聞くのも野暮かと思い、あまり深追いしなかった。それもあって、想定内とはいえ、このときは期待していたような回答は得られなかった。

反スパイ法で邪魔者を一網打尽

中国当局による日本人や在留中国人の身柄拘束は、反スパイ法が制定された2014年から目立って増えている。それまでは、覚せい剤所持など、刑事事件で捕まったケースがほとんどだった。だがスパイ防止法制定後は、先述のように、北大教授を含め、日本語学校幹部の女性、日本地下探査の男性、伊藤忠商事の男性など、計15人が拘束されている。

反対スパイ法は14年11月1日の施行で、最高刑は死刑だ。特に問題なのは、以下の第2条だ。

「反スパイの業務を遂行するに当たっては、中央の統一的指導を堅持し、公然たる業務と非公然の業務を結合し、専門的業務と大衆路線を結合し、積極的に防御し、法に基づき懲罰を加える原則を堅持する」

このうち、「非公然」とは、盗聴などの防諜（カウンター・インテリジェンス）工作を指し、

「大衆路線」とは、言うなれば、市民による密告の奨励である。要は、あの手この手で「反中国共産党」「反習近平」分子をあぶり出すと宣言しているのだ。

この反スパイ法の制定を受け、北京市国家安全局は2017年4月、スパイ行為の通報を奨励する規制を施行し、最大50万元（約800万円）の報奨金を出すとした。

人民が人民を監視する――。今に始まったことではないが、習近平体制になってから、それが露骨になってきた。

中国で拘束された、日本人以外の外国人も、後を絶たない。

分かっているだけでも、2015年3月の米国人女性実業家、16年1月のスウェーデン人の人権団体関係者、18年7月の台湾交流団体幹部、12月のカナダ人元外交官およびカナダ人実業家。19年1月にはオーストラリア人作家、8月に在香港英国総領事館職員、9月に派遣会社運営の米国人、米国人学生、米物流大手のパイロットなどが拘束されている。

注目すべきは、カナダ人が狙い打ちされている事実だ。これが、カナダ当局によって中国の通信機器大手・華為技術（ファーウェイ）の孟晩舟副会長兼最高財務責任者（CFO）が、米政府の依頼で逮捕された件と関係しているのは間違いない。カナダ外務省は2018年12月1日、孟氏を逮捕した後、1月3日までに、中国でカナダ人13人が中国に拘束されたと明らかにしている。

2019年1月、中国・遼寧省大連市の中級人民法院（地裁に相当）では、麻薬密輸罪に問われたカナダ人の男性に死刑判決が下された。確かに麻薬の密輸は重罪で、過去に外国人が死刑となった例もある。ただ、今回は孟氏が逮捕されたことをめぐり、両国が対立する中での出来事だ。カナダのトルドー首相はこれを、「恣意的な死刑」と非難した。

トルドー首相

同年5月には、さらにカナダ人2人が逮捕された。これも、トランプ政権が華為技術など中国通信機器大手の米国からの締め出しを決めたことに対する報復措置と見られる。

中国外務省の報道官は、この2人について、袁教授のケースでも聞いたフレーズだが、「合法的な権利は十分に保障されている」としつつ、カナダ政府が中国の司法案件で「あれこれ言わないよう希望する」と、逮捕が報復であることをにおわせ、本音をあらわにしている。

日本への敵対を強める中国

法律を政治的、恣意的に運用する中国当局の独善的な体質は、お分かりいただけたと思う。容疑事実や証拠が固まってから逮捕状を執行する欧米や日本と違い、ケシカランから、ひとまず身柄を拘束する。後から証拠が見つかったら、もっけの幸い。また、他国への報復目的で証拠をでっち上げることなど朝飯前。証拠がなく、どうにも立件できずに釈放する場合でも、反訴しないよう、自供を認めた文書に署名させる——。日本の大学で教鞭をとる著名な中国人研究者は、筆者の質問に対し、中国のずさんな司法手続きの内幕を、こう耳打ちしてくれた。

さて、いまだ解放されていない袁教授だが、袁氏の場合、日本人ではないから、日本政府としても動きにくい面があるのだろう。しかし、「関心を持って注視している」(西村明宏官房副長官)とのコメントだけを残し、後は知らぬ存ぜぬというわけにもいくまい。袁教授に永住権を与えたのは、どこの国か。基本的人権は人類普遍の価値だ。国籍の壁はない。

関係者への取材によると、前述の岩谷教授が拘束された際には、教授がホテルの自室にいたところを安全局に踏み込まれ、目隠しをして車で連れ去られたという。

そもそも、中国政府のシンクタンク「中国社会科学院」の招待で訪れた北京での話だ。これは、社会科学院という信用度の高い組織を利用した、だまし討ちと見られる。当の社会科学院は、「うちのゲストになんてことをしてくれたんだ」と、勝手に動いた安全局に抗議したというが、外交ルートを通じて日本側に入ってきたこうした情報も鵜呑みにはできず、詳細は不明だ。むしろ、すべては出来レースだった、という可能性すらある。

だいたい、「スパイ」と言えば、国益を著しく損ねる行為である。にもかかわらず、岩谷教授が早期に帰国できたのは、安倍晋三首相の働きかけによる政治決着も背景にあったのだろうが、拘束理由がそもそも濡れ衣だったのではないかという疑念がつきまとうのだ。

繰り返すように、中国共産党の支配下では、「法治」は党の指導下にある。何をしようがしまいが、利用価値があると目をつけられれば、何とでも理由をつけて拘束されてしまう。日本人の中国研究者らも、資料収集などのために訪中したくても危なくて、おちおち研究などできまい。日本人中国研究者の中国離れは、中国にとっても国益を損ねることになるだろう。中国政府は、自分たちのやっていることが、日本と日本国民への敵対行為にほかならないということを知るべきである。少なくとも、友好的な所業ではまったくない。日本政府が見て見ぬふりをし、限られた日本国民だけしかこの事実を知らなくとも、不信の種火が日中間から消えることはないだろう。

習近平国家主席は、国内に政敵も多いはずだ。日本との良好な関係を築けなければ、安定した政権運営など約束されまい。習氏はそれを肝に銘じる必要がある。

習政権を批判して消息を絶った清華大教授

世界の覇権を握ることを目論み、市民を監視下に置いて圧政を敷く中国共産党は嫌いだが、そうした全体主義に背を向け、自由と民主主義に価値を見出そうとする中国人は別である。その代表格が、清華大学教授の許章潤氏だ。

日本ではまだ「静かなる侵略」であっても、かの地では、音を立てた「自由社会への侵略」が始まっている。韓国の有力紙、中央日報によると、許氏は今年2020年の2月10日から連絡が途絶えている。新型コロナウイルスによる肺炎への対応をめぐり、許氏が、習近平指導部を批判する文章をインターネット上に公開したのが理由と見られる。

許氏は、2月4日に公開した文章で、新型肺炎の発生当時の党指導部や政府の対応について、「最初は口を閉じて真相を隠し、その後は責任を逃れ、感染拡大を防ぐ機会を逃した。庶民に対する言論や行動の監視が、当然存在すべき社会の情報伝達と早期警戒のメカニズムを圧殺した」とし、指導部の強権的な統治のあり方が肺炎拡大の原因だと鋭く指摘していた。

「これを書き終えてみると、処罰を受けるだろうという予感がする。私の人生で最後の文になりそうだ」

許氏は、感染の実態を隠した公権力による「道徳的腐敗」が人災を招いたとして、「怒りを抱く人民は、もはや（政権を）恐れない」と訴えた。さきほどの、処罰への懸念を記した一文は、こうした文言の最後につづられた。

一党独裁体制下の中国では、共産党や政府への批判は即、身辺の危険につながりかねない。そんな中での言論活動だ。許氏の覚悟は、いかばかりか。

この許教授は、一昨年の秋、北海道大学に籍を置いたこともあり、日本というか、またもや北海道とは浅からぬ縁がある。加えて、許氏は憲政や民主主義を重んじる言論で知られ、習近平氏が憲法を改正して終身主席の道を開いた際には、習政権や中国メディアについて、「共産党メディアの『神づくり』は極限に達している」と、習氏を崇拝するような風潮を戒《いまし》めている。

1989年の天安門事件に関しても再評価するよう求め、こうした指導部批判がとがめられて清華大学から停職処分を受けたこともある、中国きっての改革派の論客だ。

中国国内における、実名による抗議の声は続く。新型肺炎への警鐘を鳴らしながら、「デマを流した」として当局に処分された湖北省武漢市の李文亮医師が感染して死亡した際には、北京大学の張千帆教授ら約400人が「言論の圧殺が人災を招いた」などとする公開書簡を発表した。だが当局は、どこ吹く風とばかりに取り締まりを強化し始めているという。

子曰く「千乗の国を道《おさ》むるには、事を敬して信、用を節して人を愛し、民を使うに時を以てす」。孔子先生は言う。「大国の政治に必要なのは、事務は丁寧に扱って人民を欺かず、公の金品は節約を心がけて人々の心や生活を豊かにし、人民に労役を提供させるときは、農閑期など時を選びなさい」（『論語』全訳注、加地伸行大阪大名誉教授など）

習近平氏は「感染との戦いに勝利する自信と能力が完全にある」と自らを鼓舞している。だがその前に、許氏や張氏らの言葉に耳を傾けたらどうか。

許氏の無事を祈る。同時に、圧政下で言論の自由を求める声の存在を、この場を借りて銘記しておきたい。

さて、さきに触れたように、今回の許氏の「檄文」は、若き中国人医師、李文亮さんの死がきっかけだった。中国・武漢での感染拡大初期に、新型コロナウイルスの感染爆発と対応の必要性を訴えていた眼科医の李さんが、2月7日、自らも感染して亡くなった。

この死が、中国共産党の独裁体制を揺るがしたことは、読者も覚えているだろう。李氏の死をきっかけに、中国国民の悲しみと怒りの矛先が、中国政府や武漢市当局に向けられたのだ。これは、情報統制に厳しい中国では、極めて異例のことである。

眼科医である李文亮さんは、武漢市の病院に勤務していた。33歳だった。中国出身の評論家、石平氏によると、李さんは、当局から摘発されただけではなく、地元武漢のメディアや中国中央電視台（CCTV）からも、「デマの流布者」と報じられていた。

李さんは処分後も病院で治療に当たっていたが、ついには自身も感染してしまう。李さんが亡くなると、ネット上には「素晴らしい医者に敬意を表する」「あなたは英雄だ」などと、李さんの行動を称賛するメッセージがあふれたという。

一方で、「武漢の公安当局は公開謝罪すべきだ」といった、当局への怒りの声も噴出した。こうした動きに呼応し、上海の地方紙「新民晩報」は、1面に李さんのマスク姿を掲載して彼の死を追悼した。そして、さらなる情報公開と透明性が必要と訴えて、李さんを「吹哨人（警笛を鳴らす人）」と称賛した（ニューズウィーク日本版2月10日付 電子版）。

だが、中国当局の動きも早い。李さんのことを「デマ流布者」として処分したネット上の批判の声を片っ端から削除する一方で、李さんの死を弔う態度を示した。中国外務省が定例記者会見で、李さんの死に哀悼の意を表明したのである。

しかしそこには、「李医師の名誉回復を示唆することで国民の憤懣を和らげ、事態の鎮静化を図る狙いがある」（石平氏）という。

匿名による投稿ではなく、社会的な立場や知見のある人たちが、実名で抗議しているという点が、これまでにない中国国内の動きだ。さきの石平氏によれば、こうした言論の自由を求める声が、政治運動として、中国社会と政治構造を大きく変えていく可能性があるという。

第八章　ＩＲ疑獄の裏に潜む巨悪

カジノを含む統合型リゾート事業をめぐる汚職事件

新型コロナウイルス禍が世間を騒がす少し前、日本では、チャイナマネーによる政界汚染の一端が明るみとなった。２０１９年12月に捜査当局が強制捜査に着手した、北海道と沖縄県を舞台としたカジノを含む統合型リゾート施設（ＩＲ）事業に絡む贈収賄事件だ。

東京地検特捜部は、衆院議員の秋元司《つかさ》容疑者を再逮捕して裏づけ捜査を急いでいたが、尻すぼみのまま、あっけなく収束してしまった。これも、新型コロナウイルス対応で後手に回った元凶である、習近平国家主席の来日計画が捜査の手足を縛った疑いがある。捕まえたのは若手議員だが、その背後には中国の清華紫光集団など、国家を挙げた中国の存在が控えていたからである。

安倍政権が成長戦略の柱と位置づけるＩＲ事業における現職議員の逮捕について、菅義偉官房長官は「ＩＲは日本が観光大国を目指す上で必要だ。外国企業からの献金は禁止されており、ＩＲ以前の問題ではないか」と語るが、立憲民主党など野党は1月20日召集の通常国会で政府・与党を追及する構えを見せた。

ナゾだらけの今回の事件で忘れてならないのは、容疑事実が巨大なジグソーパズルの一部分に過ぎないという点である。

捜査は緒についたばかりであり、全体像は杳《よう》として知れない。だが、巨大経済圏構想「一帯一路」で日本を絡め取り、21世紀の冊封体制構築を夢想する、中国の周到な国家戦略の輪郭が、おぼろげではあるがパズルの図面に見え隠れしてきた、というのが今回の事件なのだ。

小悪を捕らえて巨悪の逃げ切りを許せば、ほくそ笑むのは中国共産党政権と、それを手引きする面々である。中国風に言えば、日本国内に巣くう「漢奸」だ。だが、チャイナマネーの毒が回った政界に、自浄作用は期待できそうにない。特捜部が背景も含めて、どこまで事件の全容解明に迫ることができるのか、今後も注視していく必要がある。

さて、ＩＲ担当の内閣副大臣だったとはいえ、秋元司容疑者の名前を聞いてピンときた人は、よほどの事情通だろう。いわんや、逮捕された贈賄側のブローカーや中国籍の男などは、知るよしもなかろう。そこに、巨悪が逃げ込むカラクリが潜んでいる。

確かに副大臣は、内閣の一員には違いない。だから、見ようによっては、「政権の中枢がチャイナマネーに汚染された」と言えないこともない。だが、中央省庁の政策意思決定過程にあって、副大臣とその下の政務官は「お客さん」だ。役所にもよるが、政策決定に直接関与することは極めて稀《まれ》で、「局長―審議官―事務次官―大臣」というラインの埒外《らちがい》にある。国益をかけた交渉ごとなど、任されるはずもない。それでも、外遊先の相手と撮影した写真を自慢げに自室に飾り、次の選挙に備えるセンセイ方は少なくない。

秋元容疑者の容疑事実も、2020年1月中旬の時点で、総額1千万円弱という小規模なものだ。むろん、われわれ庶民にとっては高額だが、金丸信《かねまるしん》自民党副総裁の巨額脱税事件に端を発した1993年のゼネコン汚職で逮捕された仙台市長は、1億円の収賄容疑だった。それと比べればの話だが、特捜部が手がける事件にしては、いかにも小粒な事件との印象は拭えない。

ここで事件を、ざっとおさらいしておこう。

秋元容疑者は、IR担当の内閣副大臣だった2017年9月、IR事業で便宜を受けたいとの趣旨を知りながら、「500ドットコム社（以下、500社）」の元顧問、紺野昌彦容疑者（贈賄容疑で逮捕）らから現金300万円を受け取った。2018年2月に妻子とともに北海道旅行への招待を受け、旅費など約70万円相当の利益供与を受けた疑いで、2019年12月25日に逮捕された。秋元容疑者は容疑事実を全面否認している。

また、秋元容疑者は17年8月、500社が那覇市で開催したIRに関するシンポジウムで基調講演した際、講演料200万円を受け取った。当初は50万円の予定だったが、IR担当の内閣府副大臣に内定したとの情報を得た贈賄側が、講演料の増額を決めている。

同年12月には、500社が用意したプライベートジェットで中国深圳にある本社を訪問し、マカオのカジノ施設などを訪れた。500社は渡航費や宿泊費など、数百万円相当を負担したとされている。

これに対し特捜部は、講演料はIR事業で便宜を受けたいとの趣旨で提供した賄賂《わいろ》であり、中国やマカオ訪問の旅費についても、同様の趣旨で利益供与したとの見方を強めて、裏づけ捜査を急いでいる。

中国訪問には、白須賀貴樹《しらすかたかき》衆院議員や勝沼栄明《しげあき》前衆院議員も同行しており、特捜部は2人の地元事務所など関係先を家宅捜索し、任意で事情を聴いている。一方、日本維新の会に離党届けを出した下地幹郎《しもじみきお》元郵政民営化担当相（比例九州）は、現金100万円の受領を認め、議員辞職の瀬戸際に立たされている。

代議士逮捕はパズルのワンピースに過ぎない

さきに述べたように、今回のIR汚職事件が浮き彫りにしたのは、事件が巨大なジグソーパズルの断片に過ぎないということだ。事件は収束しても、IRを舞台回しにした中国の壮大な仕掛けがあったということを、忘れてはならない。

それにしてもなぜ、贈賄側は、取り調べに対し、北海道や九州・沖縄選出の国会議員5人に資金提供したことなど、ペラペラと供述しているのか。ナゾの多い事件の中で、最初に浮かぶ素朴な疑問である。

巷間、「司法取引による捜査協力」などと言われているが、それだけではあるまい。司法取引であれば、捜査協力の見返りに身柄拘束を伴う逮捕などの強制捜査を免れるのが世の常である。事件の鍵を握る秋元容疑者の元政策秘書が、それに当たる可能性が高い。

これに対し、贈賄側である500社の元顧問、紺野昌彦、仲里勝憲、日本法人元役員の鄭希の3容疑者は、実際に逮捕されているのだ。仮に、司法取引のつもりでペラペラ自供したのに逮捕されたのだとしたら、何のための捜査協力だったのかと、自分の行為を棚に上げつつ、特捜部をさぞ恨んでいることだろう。

バブル崩壊で旧富士、旧東海両銀行による不正融資事件や東京佐川急便事件が世の中を賑わせていた平成初期、筆者は警視庁で、汚職や詐欺事件を追う捜査2課や組織暴力を扱う捜査4課を担当し、不眠不休に近い取材現場にどっぷりと浸かっていた。

そのときの経験で言えば、現在のように制度化されていなかったものの、内偵段階で捜査協力し、逮捕を免れたと思っていた関係者が、洗いざらい自供した後にお縄になるケースなど、枚挙にいとまがなかった。警視庁も随分あこぎなやり方をしていたものだが、半面、容疑事実が重ければ、いくら捜査協力しても逮捕は免れるものではないということを教えてくれたものだ。

だから今回も、司法取引ではなく、沖縄と北海道留寿都《るすつ》村でのＩＲ構想頓挫を逆恨みした、贈賄側と収賄側による醜い内輪揉めが表面化したと見ることもできよう。

あるいは、意図しないところでＩＲ事業をめぐる政界工作が捜査当局の知るところとなり、慌てた贈賄側が、トカゲの尻尾切りとばかりに収賄側を捜査当局に売り渡したのか。その場合は、そうすることで、政界工作の本丸である大物議員や中国共産党の本当の狙いから世間の目をそらし、巨悪を逃がす獣道《けものみち》をお膳立てしたと見ることもできる。

いずれにせよ、事件の背後に広がる闇は、役に立たぬ三下ぞろいの収賄側にあるのではない。収賄側のもっと奥の奥、そして、中国共産党という巨大な後ろ盾を持つ贈賄側にこそ存在する。特捜部も、この事実から目を背けて一件落着とするようでは、事件の真相に迫ることなど決してあり得ない。それどころか、中国による日本の冊封体制化を加速させてしまいかねない危険をはらんでいるのである。

日本を乗っ取るための「トロイの木馬」

では、贈賄側の５００社とは、いったいどんな会社なのか。

各種メディアでさんざん取り上げられていたので詳細は割愛するが、５００社は2001年に設立され、中国初のオンラインくじ購入モデルを開発し、２０１３年にはニューヨーク証券取引所に上場している。だが、中国国内における違法賭博に絡んだ規制強化の影響もあって、業績は悪化し続けた。累積赤字は10億元（約156億円）を超えたとの報道がある一方で、過去4年間に会長が4人も交代するなど、経営もデタラメだ。

米国のPRニュース「ワイヤー」によると、2019年の第3四半期の純利益は980万元（約1億5千万円）で、営業損失は1億3830万元（約21億円）となっている。

にもかかわらず、この当時、同社の筆頭株主は、中国国有のIT複合企業で経営は盤石だとし、500社もホームページで「10年売上げなしでも生き残れる」と吹聴していた（産経新聞2019年12月26日付 朝刊）。

500社は、法人登記をコロコロ変えており、実体のないペーパーカンパニーに近い。スポーツくじはやったことがあっても、IR事業などとはまったく縁遠い存在だったのは確かなようだ。

500社の日本法人は、2017年10月に設立されている。沖縄に最大3000億円、北海道留寿都村に1500億円の投資を計画していたというから、さすが、バックに巨大な中国国有IT企業を持つだけのことはある。そのIT企業とは、華為技術（ファーウェイ）とも肩を並べる、清華紫光集団のことだ。

習近平国家主席の母校でもある清華大グループに属する清華紫光集団は、半導体やビッグデータ、AI、監視技術などを開発する、中国屈指の有力企業である。中国政府の支援のもと、外国から半導体技術を移転する取り組みの先頭に立つ。代表取締役の趙偉国氏は、2015年に億万長者として報道されている。

清華紫光集団は2015年、1億2400万ドル（約150億円）で、先述の500社の株30％を取得し、筆頭株主となっている。この買収について、紫光集団副総裁で500社代表取締役の張永紅氏は、中国メディア「一線」の取材に対し、500社のユーザーデータを重要視したためだと明言し、「6千人を超える登録ユーザーは、非常に重要なデータのリソースだ」と述べている（エポックタイムズ2019年12月18日付 電子版）。

インターネットサービスを中国で運営する国内外の企業は、民間国営を問わず、政府にデータを提供できるよう義務づけている。まさにそこが狙い目なのだ。中国国家インターネット情報弁公室は、データ管理に関する規則を公表した中で、ネットサービスの運営者が国外にデータを移動する前には、監督部門の同意が必要であるとした。

賢明な読者のみなさま方には、そろそろ事件の輪郭が見えてきたのではなかろうか。そう、中国によるIR事業は、日本乗っ取りにつながりかねない「トロイの木馬」だったのである。

その尖兵が、清華紫光集団をバックに持つ500社と言える。つまり重要なのは、日本を個人から国家レベルまで幅広く情報管理下に置こうという、中国の国家意思の存在なのである。そのためには、IRという、施設を利用した物理的な橋頭堡づくりも、日本を支配下に置く有力なツールとなる。

IR施設のカジノに来る日本のVIPや一般人、外国からの観光客はすべて、顔認証システムなどによって、個人の生体情報、そこから派生する各種クレジットカード情報、果ては通院歴や持病の有無まで、あらゆる情報が中国公安当局に筒抜けになってしまうのである。

繰り返して言うが、中国にとってＩＲというのは「静かなる日本侵略」のための橋頭堡づくりにほかならないのである。

中国は、文化的には孔子学院と中国中央電子台（ＣＣＴＶ）、経済面では、今回のようなＩＲや大型クルーズ船の寄港地づくりと、重層的かつ多角的な、あらゆる手法で日本への浸透を図っている。その手段として、清華紫光集団が、５００社を使って政界に撒き餌《え》をしてシンパをつくり、政治力のある議員の外堀を埋めようとしたのではないか、という意図が見え隠れするのである。

さて、事件直後に離党する前には、自民党二階派に所属していた秋元容疑者だが、親分筋の二階俊博幹事長は大丈夫なのかと、多くの国民が懸念を抱くのではなかろうか。

２０１５年５月、二階氏は国会議員や財界人３千人を引き連れて訪中している。２０１９年4月には、安倍晋三首相の特使として訪中し、習近平国家主席と会談した。二階氏は会談後、記者団に対し、「今後も互いに協力し合って（一帯一路を）進めていく。米国の顔色をうかがって日中の問題を考えていくものではない」と語っている。

先述したように、米国では、中国シンパをパンダハガー（パンダに抱きつく者＝親中派）と呼ぶ。東京・上野動物園にだって3頭しかいない可愛いパンダが、なぜ二階氏の地元、和歌山県南紀白浜のテーマパーク「アドベンチャーワールド」には6頭もウジャウジャいるのか、推して知るべしだろう。

筆者は、二階氏が旧新進党で国対委員長代理をしていたとき、他の番記者らと都内の料亭で和牛ステーキをご馳走になり、手みやげに紀州南高梅をもらったことがある。その手前、なかなか言いづらいのも確かなのだが、やはり二階氏には与党の重鎮として、日中関係があらぬ方向に進まぬよう、しっかり日本丸の舵取りをお願いしたいものである。

第九章　日本復活の処方箋

媚中を捨て、習近平の来日を中止すべし

　中国武漢ウイルスへの防疫に対し、日本政府がとった初動対応の誤りは、その後、学校の一斉休校など矢継ぎ早の対策や、医療従事者らの献身的な努力もあり、欧米のような爆発的な死者の増加を生まずに済んだ。海外メディアからは、罰則を伴わない緊急事態宣言が象徴するように、ゆるい日本政府の防疫策にあって、七不思議の一つに数えられるほどだ。米外交誌フォーリン・ポリシーは「日本の奇妙な成功　生半可なコロナウイルス対策が何であれ功を奏している」と評している。

　とはいえ、今回の初動対応の誤りが、習近平国家主席の国賓来日問題に集約されることは、疑問の余地がなかろう。実際、来日延期が決まった直後からは、中国や韓国からの入国制限強化

に踏み切り、日本政府の防疫策が奏功し始めた事実を見るまでもない。習氏の来日が、いかに日本政府の呪縛となり、日本国民の健康と命を危険にさらしたのか、これは記憶にとどめておかねばならない。

まずは、中国に媚《こ》びるのをやめることだ。

中国武漢ウイルス禍の一件で、訪中して感謝したいと発言した自民党の二階俊博幹事長をはじめとする自民党の親中・媚中派、さらには、経団連をはじめ、目先の利益だけしか見えず、国益など考えていないのではないかと思われるような財界の面々は、おのれの心に一点の穢《けが》れもないかどうか、胸に手を当てて考えてはいかが。訪中先で国賓並みに接待され、いい気分になってはいなかったか。

想像してほしい。習近平国家主席が国賓として来日し、自衛隊の栄誉礼を受け、皇居で天皇皇后両陛下と会見し、握手する姿を。チベットやウイグルで人権無視の弾圧を繰り返す独裁国家の首脳の手は、数え切れないほどの、罪のない犠牲者の血で染められているのだ。

香港市民によるデモへの弾圧は、確かに矢面《やおもて》に立ったのは香港政府であり、香港警察であったが、後ろで糸を引いていたのは、紛れもなく中国共産党政府である。林鄭月娥（キャリー・ラム）行政長官が折に触れて北京詣でを繰り返しているのを見るまでもない。

今年、2020年5月の全人代では、香港に導入される国家安全維持法の制定が決まった。これによって、国家分裂や政権転覆行為、組織的なテロ活動、外国勢力による介入が禁止される。

いったん制定されれば、1989年の天安門事件の犠牲者を追悼する集会なども、恒久的に禁止されよう。同時に、言論の自由もなくなる。そうなれば、「一国二制度」の崩壊だ。それは、香港がウイグルやチベットになることを意味する。ブルース・リーやジャッキー・チェンを擁した自由闊達な香港映画界は、つまらぬ抗日映画に席巻され、衰退の一途をたどるだろう。

このように、言論の自由や民主的な市民社会を求める香港市民を踏みにじって屁とも思わない習近平国家主席を、天皇皇后両陛下が皇居でにこやかにお迎えし、晩餐会に臨まれる映像が世界を駆けめぐったとき、中国武漢ウイルスで国際社会を敵に回した中国と日本が一蓮托生であることを、強く印象づけることになる。「日本は国際社会できれいごとを言っていたが、結局、中国独裁政権にすり寄る、同じ穴のムジナだ」と思われること請け合いだ。

習氏の来日後に待っているのは、天皇皇后両陛下への、中国訪問の招待である。そして、それが実現してしまったらどうなるか。軍事、経済、ハイテク分野で世界の覇権を目指す習政権に対する、日本国家を挙げてのお墨つきであり、中国の冊封体制下に喜んで組み込まれる絵柄である。

例えば、この本を手にとった読者のような一部の日本人が「いや私たちは違う!」などと言ったところで、世界は聞く耳を持たないだろう。

さらに中国は、日本と欧米の分断を狙って、日本の褒め殺し作戦を展開するだろう。現に中国外交部は、今回のコロナ禍にあって、日本と韓国の防疫対策を高く評価するコメントを出している。中国の王毅外相が5月24日の記者会見で、日本と韓国を含む3カ国が、新型コロナウイルスをめぐって「防疫対策で連携し、全世界の手本を確立した」とヨイショしたのだ。

これは、米国と日韓両国の間に、クサビを打ち込むのが狙いだろう。それは逆に、放火魔が消防士や救世主を装ったことに対して世界が反発し、中国が孤立感を深めているということの裏返しとも言える。

しかし日本は、30年前と同じ轍を踏もうとしている。1989年の天安門事件だ。

中国における民主化運動が人民解放軍に弾圧されたこの事件について、ネットから「天安門」という言葉を片端から削除し、なかったことにしてしまう中国共産党政権の厚顔ぶりは、今に始まったことではない。だが、安倍晋三首相には、日本までがそれに歩調を合わせてどうするのかと、声を大にして問いたい。

筆者は、習氏の来日がまだ日程に乗っていた2020年1月、国内に来日反対の動きがあることについて、安倍首相が周囲に、「私の支持者にこそ、反対論が多いんだよね」と語っていたと知人から聞いた。

この本を手に取った方の多くは、筆者が何を言おうとしているのか、すでにお分かりかと思う。天安門事件後の1992年における、天皇皇后両陛下（現上皇陛下と上皇后陛下）の政治利用としての訪中であり、西側の中国包囲網に率先して穴を開けた、売国的な当時の自民党政権の愚策である。

長い間、中国外交を統括した銭其琛元副首相が、2003年に発行した回顧録『外交十記』の中で、天皇陛下の訪中は「西側の中国への制裁を打破する上で積極的な役割を発揮し、その意義は両国関係の範囲を超えたものだった」と回想している通りである。要は、天皇訪中を「突破口」とし、国際的な孤立から脱却しようと考えたのである。そして日本は、まんまと中国の術中にはまってしまったのだ。

当時、中国共産党が天皇訪中にこだわり続けたのは、天皇訪中の実現が、反中勢力が日中友好に反対する根拠を失うことになることを、中国共産党が知っていたからだし、彼らは日本において、首相にはない皇室の重みというものを熟知しており、陛下の訪中で日中友好の雰囲気が日本国民に広がると期待したためである。

いま、今上陛下を政治の垢にまみれた俗世間からお守りしなければ、日本は今後、数十年、百年と、国家の大計を誤ることになる。

中国による尖閣諸島への挑発行為は、さきに述べた通りである。習氏の来日を許せば、たとえ尖閣諸島を強奪しても、日本政府は、最後は四の五の言って追認せざるを得ないだろうという、間違ったメッセージを送ることになる。

SNSでも何でもよい。高齢者でインターネットの使い方など分からない方は、子や孫に聞いてでも投稿してほしい。習近平国家主席の来日反対の声を上げ続けることが、この国を守ることになるからだ。

天下の愚策、移民に頼るな

拙著『静かなる日本侵略』と『日本が消える日』で、少子高齢化に対する抜本的な対策を行わず、外国人労働力や外国人観光客に依存する安直な国の国家戦略に警鐘を鳴らした。それが図らずも、新型コロナウイルスの感染拡大という形で、戦略の見直しを迫ってきたのである。

これだけの人的災害、経済的打撃をこうむっておきながら、政財界の首脳が「今まで通り外国人労働者や観光客に頼ってやっていきましょう」と考えているなら、この国は終わりである。将来、日本列島に住む人間はいても、それが、皇室を国家国民の象徴として戴く歴史・伝統・文化、四季のある自然に育《はぐく》まれた、奥ゆかしい国民であるとは限らないからである。

前著でも書いたが、外国人労働者問題が意味する移民問題とはすなわち、中国人問題なのである。在留中国人問題こそが、移民問題の核心であり、日本の将来を左右する根源的な問題なのだ。

戦後、日本人がこぞって英語を習おうとし、いまだに苦しめられているように、近い将来の日本で、中国語が幅をきかせていないとは、だれも確信を持って言い切れないのである。ウイグルやチベットのように、そこに歴として民族や伝統文化がありながら、世界地図から抹殺されてしまわないとは言えないのである。実際、この200年間で、50以上の国と地域が消えているのだ。

「まさか、よりにもよって、悠久の歴史があり、皇族を戴く日本がなくなるわけがない」と思う人がいるかもしれない。だが、何度も言いたくはないが、さきの大戦で負け、サンフランシスコ講和条約で主権を回復するまで、日本は世界地図から事実上、消えていたのである。国家が消えるということは、そういうことだ。そこに住んでいた国民が消えてなくなるということではないのである。

ここまで本書で見てきた通り、イタリアをはじめ、政治的にも経済的にも中国と距離を詰めてきた親中国家における、中国武漢ウイルスへの対応の失敗は、中国人の大量受け入れが主な原因であることは疑いようがない。

人種差別と批判されることを恐れ、それを表立って言おうとしない人々がいるのは確かだが、現実は直視しなければならない。国防動員法というものがあって、海外の華人や華僑にまで北京への忠誠を求める中国共産党政権がある限り、中国人労働者がいつなんどき、トロイの木馬となるかもしれないし、愛国無罪を叫んで徒党を組むかも分からないのである。

実際、北京オリンピック・パラリンピックが開かれた2008年、聖火リレーのコースとなった長野県・善光寺周辺で、畳2畳分はあろうかという五星紅旗（中国国旗）を振りまわして、中国人「留学生」らが地元住民と衝突した一件は、記憶に新しい。また、2019年8月に、香港での市民デモに抗議した中国人らが大阪にある高島屋難波店の前で数十人規模の集会を開き、五星紅旗を振りまわし、中国国歌を歌うという、異様な光景を道行く日本人に見せつけた事実は、ご存じだろうか。

日本復活に向け、まずは2019年1月に施行された外国人労働者の受け入れ拡大を図る改正入国管理法（入管法）を、抜本的に見直すところから取り組まねばならない。施行後1年で目につくのは、人手不足の解消を目的に導入された新たな在留資格「特定技能」の取得者数が、低調なことだ。初年度の受け入れ数として想定した最大4万7千人に対し、わずか6％、3千人にとどまっているのだ。

一方で、低賃金や長時間労働が問題化し、2018年に9千人以上が失踪した「技能実習生」の数は、大きく増えている。19年末の時点の技能実習生は、前年末比25％増の、42万人近くとなった。「技能実習から特定技能への移行」どころか、むしろ逆行しているわけだ。この「ねじれ現象」が突きつけているのは、問題の多い技能実習制度を残したまま、改正ありきで導入された特定技能制度が、労働現場の実態とかけ離れているという事実である。

法律は2年後に検討し直すことになっているが、特定技能制度が抱える矛盾は、すでに明らかである。特定技能と技能実習について、今すぐに抜本的な見直しに着手すべきだ。

そのときに忘れてならないのは、これら目の前にある制度矛盾の解消とともに、この国をどうしたいのかという、中長期ビジョンの見直しだ。

人口減少社会において重要なのは、外国人労働者による、場当たり的な数合わせではない。

働く意欲がある女性や高齢者、非正規雇用に苦しむ若い世代を、どう雇用し、産業構造や社会構造の変革につなげるかということである。この視点を置き去りにして小手先の修正を繰り返し、短期的に事態が改善したとしても、中長期的に見れば、この国の衰退は避けられないのである。

世界の混乱に乗じた「火事場泥棒」を成敗せよ

領土、領海、領空を守るのは、国家主権発動の最たるものである。その政治意思を示さず、守ることができずして、どうして国民の平和と安全を守ることができようか。

まずは、尖閣諸島をめぐり日本への挑発をエスカレートさせる、中国の姿勢を正さなければならない。民主国家の名において、こうした、武力に訴える狼藉を成敗しなければならない。

新型コロナウイルスをめぐって、トランプ米大統領からはチャイナ・ウイルスと呼ばれ、放火犯が消防士のふりをしていると世界から批判された中国だが、一方では、火事場泥棒よろしく、尖閣諸島でやりたい放題をやっている。それも、やっていることは強盗まがいのことだ。

日本政府が新型コロナウイルスの感染拡大を受け、緊急事態宣言を出した直後の4月11日、中国海軍の空母「遼寧」など6隻が、沖縄本島と宮古島の間を南下し、太平洋に抜けた。西太平洋に展開する米原子力空母の乗員が新型コロナウイルスに感染して機能不全となったり、米領グアムの米軍基地から長距離爆撃機B52が米本土に撤退したりしたのと同じタイミングだけに、警戒すべき動きである。

確かに、武装して飛べない、しかも「見える」戦闘機を載せた、ドンガラ空母である。だが、わがもの顔で遊弋《ゆうよく》する姿は、すっかり西太平洋の王者気取りだ。しかしその海面下では、海上自衛隊の潜水艦と米国の潜水艦が、ピタリと追尾しているだろう。宮古島では、陸自の地対空、地対艦ミサイル部隊に対して、大きな的が来たとばかり、手ぐすね引いて待っていたのだから、われわれが過剰反応すれば、それは軍事的な威嚇効果を狙う中国の、思う壺でもある。

一方、沖縄県石垣市の尖閣諸島周辺の領海内では、日本漁船が中国公船に追い回される事件が発生した。これは看過できない。なぜなら、ウイルス禍で日本や米国が感染対策に追われる間隙を突いた挑発行動というよりも、日本漁船の拿捕に向けた予行演習だった可能性が高いからだ。

那覇市に本拠を置く第11管区海上保安本部は5月9日、尖閣諸島周辺の領海に侵入した中国海警局の船4隻が、8日午後4時ごろから約2時間、魚釣島の西南西約12キロの海上で、操業中の日本漁船2隻に接近し、追尾をしたと明らかにした。対する海保が、中国公船に対して領海から退去するよう警告し、漁船の周囲に巡視船を配備して安全を確保したという。漁船に乗っていた3人に、けがはなかった。

結局、中国船4隻は3日間、周辺海域に居座った。2013年の海警局発足以降、中国公船が尖閣周辺で行った日本漁船への接近は、今回で5例目となる。中国公船は、こちらが「抗議」

してやめるような相手ではない。いつか、海上保安庁巡視船の目をかいくぐって、船員もろとも一方的な「拿捕」に出る可能性がある。拿捕することによって、行政権を行使していることを国際社会にアピールし、尖閣諸島が中国の施政権下にあることを印象づけるためだ。

この、中国公船が所属する海警局は、2018年7月から中央軍事委員会指揮下の武警配下に組織編入されている。つまり、中国公船がやっていることは、軍事行動そのものと言えるのである。海警局は2013年、4つの海上警備機関を一本化する形で発足した。それまでは、国務院（内閣）の国家海洋局傘下で公安省（警察）の指導を受けていたが、18年7月以降は、直接的には治安維持を担う武警に編入され、国家中央軍事委員会の指揮下に入ったのである。

中央軍事委員会には、国家中央軍事委員会と党中央軍事委員会があるが、構成メンバーは同一で、どちらも習近平国家主席がトップを務める。ただ、憲法で「国家の武装力は中国共産党の領導を受ける」とあることから、国家中央軍事委員会は、党中央軍事委員会に服従する関係にある。

つまりは、中国公船は党中央軍事委員会のコントロール下にあるというわけだ。

そんな中国公船が、日本漁船の拿捕などという挑発行為に出た場合、日本はどう対応するのか？　中国公船が突きつけた安全保障上の危機は、待ったなしの対応を迫っている。

晴れの日も、シケの日も、現場で連日警戒に当たる海保の巡視船乗組員らの努力には頭が下がる。そんな努力を横目に、毎度のことながら発射される日本政府の「遺憾砲」は、歯がゆいばかりである。海保の巡視船も機関砲は装備しているが、それを使おうという政治の意思はなく、中国公船に退去いただくのが関の山だ。尖閣だけでなく、日本海中央部に位置する好漁場の大和堆で不法にイカ漁を行う北朝鮮漁船を蹴散らす際も、武力行使はせずに、放水銃という名の水鉄砲を使用するにとどめている。

さて、さきの中国公船が日本漁船を追い回した件、中国政府はどう反応したのか。ツイッターでの過激な発言から「戦狼」の異名を持つ中国外務省の趙立堅報道官は5月11日、海保の巡視船が現場で漁船の安全を確保したことに対して「違法な妨害を行った」と非難し、「日本は釣魚島（尖閣諸島の中国側名称）の問題において、新たな騒ぎを起こさないよう希望する」と言い放った。

たぶん、常識的な日本人のだれもが「どのツラ下げて……」と思ったことだろうが、ここまで言い切るところはさすが、上から下まで金太郎飴発言しかできない中国共産党らしく、立派でもあり、すがすがしくもある。もちろん皮肉で言っているのだが、われわれは面倒でも、これをスルーしてはいけないのである。国際社会では、異論があるのに黙っていれば、それは相手の主張を認めたことになるからだ。

かたや日本政府はどうかというと、衛藤晟一《えとうせいいち》領土問題担当相が翌日の会見で、「おどおどする必要はない」と述べた。しかし、いかにも頼りない。中国公船による日本漁船の拿捕や、海保巡視船との接触といった「不測の事態」が起きたなら、主権国家として、法に基づいて対応すればよいだけのことである。それをわざわざ、「おどおどする必要はない」と口にしてしまうのは、おどおどしている自らを奮い立たせるために言っているようにも聞こえてしまうのだ。

外務省がよく使うセリフなのだが、「不測の事態が起きぬよう、日中の関係箇所がよく連絡を取り合って……」という発言も、まさに中国に足元を見られる元凶とも言える、NGワードなのである。ここで言う「不測の事態」とは、意図していないのに、中国公船と海保の巡視船が接触したり、突発的な武力衝突が起きることを想定している。その文脈で言えば、日本は不測の事態が起きては困るから、それが起きないように、絶えず中国側と意思疎通を図る必要があると言っているに等しいからだ。

意思の疎通を図る必要性までは否定しないが、意思の疎通を図れば中国公船が挑発をやめるかと言うと、それは逆である。日本側がいよいよ腰砕けになったと見て、むしろ挑発行為＝軍事行動をエスカレートさせてくるのだ。ではどうすれば良いかと言えば、あえて声高に宣言する必要はないが、不測の事態が起きたとき日本は、国内法と国際法にのっとって、毅然と対応すれば良いだけのことである。

自民党の保守系グループである「日本の尊厳と国益を護《まも》る会」（代表・青山繁晴参院議員）が、2020年5月19日、尖閣諸島を守り抜く「7つの緊急提言」を、安倍晋三首相に提出した。

提言は、①尖閣諸島および周辺海域に、沖縄県石垣市と政府合同の海洋自然調査団を派遣し、上陸調査も実施する　②尖閣諸島および周辺海域において米軍と合同演習を実施する　③尖閣諸島に、漁業者の安全確保のための船だまりなどの施設を整備する　④海保や自衛隊による日常的な領土・領海警備に加え、海保の巡視船は大型化し、レーダーなどを無力化するための新装備を配備する　⑤海難救助や気象観測、海上監視のための「魚釣島測候所設置法」を制定する　⑥中国による領海侵犯の映像を英語版などで世界へ即時に発信する　⑦習近平国家主席の国賓来日検討をやめると中国に通知する——などとなっている。

筆者は、政治部に籍を置いていた1996年4月下旬、石垣市議の仲間均《ひとし》氏の行政視察を取材するため、4・5トンの漁船「満丸《みつまる》」に乗り込み、尖閣諸島の魚釣島に上陸したことがある。当時すでに、200隻近い中国漁船が魚釣島に押しかけたり、中国海洋調査船が出没するなど、尖閣諸島をめぐる動きが風雲急を告げていたためだ。

このままでは尖閣諸島を中国に盗られてしまうという思いよりも、そのとき、尖閣諸島周辺海域で何が起きているのかを多くの国民に知ってもらうためには、海上保安庁の発表文を書き写して記事を書くだけではなく、現場取材を通して、できるだけ多くの日本国民に、危機的状況にある実態を知ってもらいたいと思ったからである。

ちなみに、その当時、筆者が魚釣島に上陸する直前の定例会見で首相官邸からは、建造物侵入容疑による「強制捜査（逮捕）の可能性」（古川貞二郎官房副長官・当時）があると言われたり、帰京後に海保から任意の事情聴取をしたい旨の呼び出しを何度か受けたりした。

首相官邸が公の場で、わざわざ筆者の逮捕に言及したのは、上陸を許せば中国を刺激するし、そうなれば外交上、面倒を抱えることになるという理由のほか、当時はまだ、尖閣諸島は私有地であったため、法律論的に強制捜査が可能との見解を示すことで、筆者が上陸取材を思いとどまるのではないかと考えたようだ。

実際、尖閣諸島に向かう洋上で、10階建てのビルが横付けしてきたのかと思われるような巨大な海保の巡視船に横付けされ、甲板上から拡声器で「きさまが産経新聞の佐々木類かぁ〜」と人定確認された、あの光景は今でも鮮明に覚えている。

また、今となってはどうでも良いことなのだが、上陸視察を終えた翌日のことだ。朝日、毎日両紙の社会面に、産経新聞記者が洋上での事情聴取に対し、「黙秘した」と書かれ、憤慨した記憶がある。悪意で書いたのか、それともそういう記者発表だったのか、確かめようかとも思ったが、わが身に強制捜査が迫っていたこともあり、へたに動くのは得策ではないと、つまらぬことを考えてやり過ごしてしまったのだ。

コロナのどさくさまぎれで中国が「火事場泥棒」をしたくなるのも、分からないではない。もちろん、それで良いといっているのではない。しかし、西太平洋を取り巻く安全保障環境は一見、中国有利に傾いているように見える。

今年2020年3月には、太平洋を航行中だった原子力空母「セオドア・ルーズベルト」で新型コロナウイルスの集団感染が発生し、1100人を超える乗組員が感染、戦闘能力をゼロにまで落としてしまった。

次いで中国は4月18日に、西沙（パラセル）諸島、南沙（スプラトリー）諸島に「行政区」を一方的に設定し、領土化を図った。尖閣諸島も、1992年に成立させた領海法で勝手に中国領にしたが、これも同じ動きの延長線上にある。こうした狼藉も、国際社会で厳しく非難されることなく、今に至っている。

こうした中国の動きを牽制する意図があるのだろう。2020年8月に米ハワイで行われる米海軍主催のリムパック（環太平洋合同演習）が、日本政府の強い働きかけで実現する。米側は当初、新型コロナウイルスの世界的大流行を踏まえて中止する意向だったが、中国軍の活発な動きを念頭に、日本側が開催を要望した。通常より期間や規模は縮小され、自衛隊は予定していた固定翼哨戒機の派遣を見送るが、中国に対して、「やりたいようにはさせないゾ」という、強いメッセージになるのは間違いない。

逆に、リムパックを中止すれば、新型コロナが米軍の態勢に深刻な影響を及ぼしていると中国側が解釈し、現場レベルで不測の事態が発生する恐れもある。日米両政府は、新型コロナ収束後を見据えた政治的メッセージを発する意味でも、リムパックを開催すべきだという点で一致したのだろう。

さきほど、中国のドンガラ空母は恐れるに足らずと言ったが、さはさりながら、戦闘能力の向上に余念のない中国だけに、過大評価する必要はないが、過小評価も危険なのである。

実際、中国海軍の戦闘能力が「今や日本の海上自衛隊を逆転して大幅に優位に立ち、尖閣諸島の領有や日米同盟を揺るがす事態になった」と警告する、米公的機関の報告書も発出されている。米ワシントンの安全保障研究機関「戦略予算評価センター」（ＣＳＢＡ）が２０２０年５月中旬に出した報告書だ。

それによると、中国人民解放軍は２０１０年ごろから海軍を増強し、好戦的な傾向を強めた結果、「尖閣諸島を奪取し、日本を屈服させるのも容易になった。米軍に介入させない具体的な尖閣占拠のシナリオも作成した」との分析結果を公表している。

東シナ海、南シナ海で中国軍の動きを封じ込めていくには、米軍のプレゼンスは欠かせない。それを有効に機能させるには、日本がしっかりしていなければならない。日本側も対策は取っている。海保は23年度までに大型巡視船など計12隻を増やす計画で、尖閣諸島の守りの強化を図っているが、まだまだ足りない。同時に大切なのは、中国に対して、「尖閣諸島は絶対に渡さない」という政治の強い意思を示し続けることである。

《筆者注：尖閣諸島は１８９５（明治28）年１月14日の閣議決定で、正式に日本領土に編入された。かつては日本人が住んでおり、魚釣島のかつお節工場では約２００人が働き、久場島ではアホウドリなど海鳥を捕獲していた。１９１９（大正８）年冬、中国・福建省の漁船が尖閣沖で遭難して魚釣島に漂着した際、日本人住民は中国漁民を救護した。当時の中華民国駐長崎領事の馮免は、翌20（同９）年５月に「日本帝国沖縄県八重山郡尖閣列島」と記した感謝状を贈っている。中国が「領有権」について一方的な主張を始めたのは、国連の報告書で東シナ海

に石油埋蔵の可能性があるとされた71(昭和46)年以降である》

発想の転換で中国依存からの脱却を

米国のトランプ大統領は2020年5月14日、中国武漢ウイルスのパンデミックへの中国の対応を批判し、中国の習近平国家主席との対話はもはや望んでいないとし、中国との国交断絶の可能性にも言及した。いわゆる新型コロナウイルスについて、トランプ氏は「中国から来た疫病」と称している。

トランプ氏は、ビジネスニュース専門局のFOXビジネスに対し、「私は(習氏と)非常に良い関係にあるが、今は話したいとは思わない。中国には非常に失望している。今はそう断言できる」と語った。米国が今後どのような報復措置を取る可能性があるのかと問われると、トランプ氏は、「できることは多い。いろいろなことができる。すべての関係を断ち切ることもできる」と言明し、「すべての関係を断ち切ると、5000億ドル(約54兆円)を節約することになる」と述べている。

日本の政治家がここまで言えれば大したものだが、日常的に、もらうものをもらい、接待漬けになっていれば、怖くて何も言えないだろう。次に訪中した際、中国首脳はおろか、高い地位にある実力者には、だれとも会うことができなくなるかもしれないからだ。

在京中国大使館では、政治担当の公使が日常的に東京・永田町の議員会館を訪れ、中国に否定的な議員らの議員事務所を訪れては、硬軟織り交ぜて議員を籠絡していくというのは、よく知られた話である。

筆者も、政治部員として現場取材に走り回っていた際、チベット問題に熱心に取り組む野党議員の事務所に中国公使が来ては、恫喝まがいの捨てゼリフを吐いていったと、当の議員から直接聞いたことがある。

政界も政界だが、財界も、その媚中ぶりは目に余る。日本経済団体連合会（経団連）、日本商工会議所、日中経済協会のことだ。この３団体は雁首をそろえて２０１９年９月に訪中し、表敬訪問に応じた李克強首相に恭《うやうや》しく礼をし、今年４月に予定されていた習近平国家主席の来日を「わが国経済界あげて歓迎する」と、媚びまくってきたのである（乾正人著『官邸コロナ敗戦』ビジネス社）。

２０１８年10月には、安倍晋三首相ともども、今回と同じように２００人規模で訪中している。ペンス米副大統領から事前の演説で、日本の政財界が中国に深入りすることに対し、きつくクギを指されていたにもかかわらず、三跪九叩頭《さんききゅうこうとう》の礼よろしく、臣下のように振る舞った。三跪九叩頭とは、１回ひざまずいて、３回頭をたれるという動作を３回繰り返す、清朝の皇帝に対する臣下の礼である。

百歩譲って、彼らが心の中で「あかんべー」をしていたとしても、あまりに情けない態度ではないか。前述のように、伊藤忠商事はじめ、民間企業の日本人だって、いまだ不透明で不可解なまま身柄を拘束中なのである。こうした事態について、きちんと注文を付けたのか。ビジネスで優遇してもらいたいがために、媚びへつらって揉み手してきただけではないのか。

このときの3団体訪中の様子を、中国出身の楊海英静岡大教授は、「会談の冒頭、深々と頭を下げる日本の財界人と無表情の李克強首相の会見の様子は皇帝に謁見する前近代的な『朝貢使節』のようだった」と書いている（ニューズウィーク日本版2018年10月25日付 電子版）。

さて、このような情けない日本の財界に比し、トランプ大統領がどこまで本気なのか、米国がどこまでやるのかは分からない。ただ一つ言えることは、これまで中国に依存しまくってきたサプライチェーン（供給網）を、抜本的に見直すだろうということである。

こうした動きは、ウイルス禍が起きる前の2018年に、すでに出始めている。

米国のファッション・ブランド企業は、チャイナシフトアウト（中国離脱）として、関税のないカンボジアなど、東南アジア諸国にシフトしているという（ブルームバーグ通信2018年8月20日付）。例えば、米国の大手ブランド「スティーブ・マデン」は、カンボジアでの生産を15％から30％に増やすと発表した。前年の2017年には、同社製品の93％は中国で生産されていた。また、世界的に有名な米ファッションブランド「タペストリー（元コーチ）」も、ベトナムでの生産を増やし、中国産の割合を5％未満に減らすなどの戦略転換を進めている。

これまでは米やコーヒーといった農産物を輸出していた東南アジア諸国が、製造業のハブとして急速に発展してきており、人件費も、値上がりが激しい中国に比べて4分の1に過ぎないということも、背景にある。

ただ、こうした国々の生産性は、中国におけるそれの50〜60％とされる。安価な人件費が生産性に直結するわけでもないというのが、思い切った中国離脱に踏み切れない、悩ましい理由でもある。それは日本のメーカーも同様である。

今次の中国武漢ウイルスは、自動車製造からマスク、消毒液といった衛生製品に至るまで、日本企業の中国依存の深さとその危険性を、余すところなくあぶり出した。中国による、計画的な生産停止・輸出停止の影響は大きい。それだけで日本の経済は窒息してしまう。日本政府は緊急経済対策で、生産の国内回帰等を支援する予算措置を講じたが、即効性などは期待できない。自動車や電機など、日本企業の生産体制を変えていくのは、容易ではないのだ。

身近なところで言えば、マスク、消毒液、医療用防護ガウン、人工呼吸器と、必要な物資の不足が次々に医療機関や市民の日常生活を襲った。マスクに至っては、8割を中国からの輸入に頼っていたというのだ。緊急事態宣言が全面的に解除された5月下旬になって、ようやく市中に適正価格で出回り始めたが、ネットで粗悪品を法外な価格で買わされた人もいるだろう。

国産マスクを増やしたくても、マスクに使用するゴムや不織布は中国からの輸入が多く、これが入ってこないことには生産のしようがないのである。一方、消毒液は国産で十分増産できると見られていたが、プッシュ式のボトルは中国からの輸入に頼っていたため、筆者などは、ついぞ薬局で手に入れることはかなわなかった。

日本の輸入全体に占める中国の割合は、2000年の14・5%から、2019年には23・5%に高まっている。中間財の輸入に占める中国の割合を見ても、米国の16・3%、カナダの9・2%を引き離し、先進国の中では、日本が21・1%と最も高い（ロイター通信 日本語版20年5月1日付）。まずはこの構造の是正から取り組まねばなるまい。

梶山弘志経済産業相は、「強靭な経済構造を構築する観点から、必要とされる製品や部材、素材については、単なる価格競争だけで左右されない、安定的な供給体制を整備することが必要」との認識を示している。政府の緊急経済対策では、生産拠点の国内回帰や東南アジア諸国連合（ASEAN）諸国への多元化を打ち出し、4月30日に成立した2020年度補正予算に2486億円を盛り込んだ。生産拠点を国内に回帰させる場合、中小企業は費用の3分の2、大企業にも2分の1を補助するとしている。

ロイター通信によると、生産拠点を日本に設けようとする動きも出てきたという。アイリスオーヤマ（仙台市）はこの制度を利用して、投資総額30億円で、6月に稼働予定の宮城県角田工場のマスクの生産能力を、月6千万枚から月1億5千万枚に増強。マスクに使う不織布も中国に頼らず、同工場内に資材設備を導入し、内製化率を高める。マスクの製造ライン自体は複雑なものではなく、クリーンルームなど衛生的な環境があれば、比較的容易に製造が可能だという。

高度な技術のいらないマスクは簡単に切り替えができても、他の製造業はどうか。世界有数のモーター製造会社「日本電産」の永守重信・最高経営責任者（CEO）が4月30日の会見で、今回、どの部品が入手困難になり、そのことがどのような影響を与えたかを徹底的に分析して、直ちにそこに投資すると表明し、「何かあったときには、自分のマザー工場から、きちっと部品を供給できるという体制に切り替える」と語ったのは、実に頼もしい。

だが、全体として見れば、すぐにサプライチェーン見直しに着手しようとする動きは少ない。マスクと違って、自動車や電機は需要が海外にあるため、サプライチェーン改革は容易には進まないのである。あるメーカーの幹部は「人口が多い、需要が多いという呪縛からは、なかなか解き放たれない」と、脱中国の難しさを指摘する。大手自動車メーカー関係者も「中国の自動車市場の進展で、中国のパーツメーカーの存在感も大きくなっている。安くていろいろな部品が調達できる中国製の比率を下げようと思っても、なかなかすぐにはできないだろう」と述べている。

日本のメーカーには、2010～11年の超円高の際に海外移転した企業が多く、根深い円高への恐怖もあるという。さらには、日本で生産した場合の人手不足も懸念材料となる。ある自動車部品メーカーの幹部は、「日本への生産回帰については、やりたくてもなかなかできないのが現状。最大の課題は人手不足と高賃金。特に、人手不足は大きな問題」と指摘する。

円高懸念であれば、海外の移転先は、さまざまなリスクのある中国である必要はあるまい。また、何かと言うと「人手不足、人手不足」と言うが、本当にそうなのか。野球の試合を、1チーム5人でやれと言っているわけではない。ウイルス禍で在宅勤務が増え、働き方改革に拍車がかかっている現在、日本のメーカーは、これまでのようなモノづくりのあり方を見直していくべきである。

日本には、長年大切にし、つちかってきたモノづくりの技術と伝統がある。国内の製造業を回復させるためにも、中国人をはじめとする外国人労働者に頼らず、地道なモノづくり大国に戻り、中国IT企業と提携して自動運転化というAI化を進めようとしている自動車製造業からハイテク産業、アパレルまでも日本に回帰し、中国からの引き揚げを考えてみてはどうか。

欧米各国と足並みをそろえて、わが国の産業界もこうした発想の転換に取り組めば、中国の不公平で不公正な貿易慣行を是正することにつながるし、企業自身の経営健全化にも、つながる可能性が出てくるのではないだろうか。

いつまでもチャイナリスクに脅《おび》える時代ではなくなった――。そのことを、中国武漢ウイルスが教えてくれたはずだ。

おわりに

日産自動車前会長のカルロス・ゴーン被告（会社法違反（特別背任）などの罪で起訴）に逃げられ、海外では、アメリカ軍によるイラン革命防衛隊のスレイマニ司令官殺害で幕を開けた2020年は、年始から嵐の予感を感じさせるに十分な状況だった。

上半期を過ぎてなお、中国・武漢発の新型コロナウイルスとの戦いが続く日本だが、感染の拡大で傷《いた》んだ経済、社会、文化、スポーツといったあらゆる分野で、癒しと復活に向けて、ようやくその歩を前に踏み出した。

この間、世の中は、感染防止で密閉・密集・密接の3密を避けるため、在宅勤務（テレワーク）が当たり前となった。一人で過ごす時間、あるいは家族と過ごす時間を、かつてないほど多く手に入れた日本人は、自分の存在意義や世の中のことを深く考える時間を持つようになった。内観の時代である。

これまで当たり前だった日常が日常でなくなった。コンサートや展覧会、プロ野球やサッカーのJリーグ、高校球児が憧れた甲子園大会といった行事が、軒並み中止となった。繁華街では、いるはずの買いもの客が目の前から消えた。

まるで、少子高齢化社会が30年早くやってきたかのようでもある。それが30年後でなく、今で良かったと思う。まだやり直しがきくからだ。30年後の日本が現在に近い状態になっていたとしたら、子や孫の世代は、随分と変わった光景を見せつけられることになっただろう。

なぜなら、30年後は中国建国100年に当たるからである。世界では習近平国家主席が掲げた「中国夢」が実現しているやもしれず、さまざまなことが手遅れになっているかもしれないからである。極端なことを言えば、甲子園の決勝戦が、倭族（日本）地区代表の決定戦になっているかもしれないのである。

そうはさせないためにも、日本人はここで、しっかりとこの国の行く末を、冷静に見つめ直す必要がある。新型コロナウイルス禍は、大変な災厄をわが国にもたらしたが、この国が目指すべき針路をも照らす、好機を与えてくれたように思う。日本のみならず、世界中に随分と大きな代償を払わせるものとなったが、大きな教訓と道しるべを与えてくれたのだ。

それは、中国へ過度に依存することの危険性を、痛いほど教えてくれた。自由や民主主義といった共通の価値観を有する欧米諸国と連携し、自由で開かれた貿易体制と、新時代にふさわしい第5世代移動通信システム（5G）の構築こそ、わが国の進むべき道であるということも示してくれた。

この5G分野に関して、日本の選択肢は一つしかない。欧米との連携であり、中国との連携ではない。中国との連携を例えて言うなら、米ソ冷戦時代に旧ソ連側に与《くみ》することを意味する。それだけ、国家の存続にとっては重大なことなのである。

この期《ご》に及んで、まだ「そうは言っても日中の経済関係は切っても切れないし、アメリカの言うなりになる必要はない」などと言っている人がいたら、よほど国際情勢にうといか、チャイナマネーに目がくらんでいるかのどちらか、あるいはその両方である。経済を知っているとか、知らないとか、そんな経済政策の次元ではない。ここで言っているのは、国家存亡にかかわる話なのである。

世界は今、米国と中国が互いに高い関税をかけ合いながら熱い貿易戦争を繰り広げつつ、21世紀の覇権を目指し、5GやAIといったハイテクの世界で主導権争いを演じている。だが、これは他人ごとではない。日本も当事者なのである。

両国とも、日本の貿易相手としては欠かせないパートナーではある。だからこそ、日本の政財界は、日米安保条約のもと、軍事的には米国とこれまで通りにうまくやっていきたいが、一方で中国とは、ともに商売で金儲けができれば良いと考えてはいまいか。旧式コンピューターみたいに「0か1」の2進法や、キリスト教のような善悪二元論で片づけられるほど、世の中は単純ではない。だが、さきほどの5Gと同様、米中どちらの側に立つのか、これもまた、日本にとって選択の余地はないのである。

むろん、過度の中国依存は危険だからといって、中国に進出した企業が「せーの」で「はい、みなさん引き揚げましょう」というわけにもいかないのが現実である。

であるならば、最終的には中国への依存から脱却するにしても、そのやり方として、日本の特徴を活かした、ファジーな手法をとったら良いと思う。ファジーは「ぼやけた」とか、「あいまいな」といった意味を持つ。

身近なところでは、家電製品にもその技術は活かされていて、ご飯が「ふわっと、ふっくら」炊きあがる最新式の炊飯器や、そよ風のように優しかったり、強かったり、さまざまな風を送ってくれる扇風機や冷暖房などの空調機がそうである。つまり、そのように「しなやかに」振る舞うのである。

別の言い方をすれば、モノの価格や制度の急激な変化による副作用を避ける手法として日本人が好む、「激変緩和措置」としてのデカップリング（切り離し）があっても良い。

中国が目指す世界覇権を前にして、日本に問題を先送りする時間はないが、中国依存からの脱却というゴールを国家の意思として早く決め、多少の時間をかけながらも、柔軟にモノづくり大国の原点に立ち返っていくのである。

政治的には、米国はじめ、自由と民主主義という共通の価値観を有する欧州各国やインド、オーストラリアなどの国々と連携し、決してブレないことだ。中国共産党による一党独裁に疑問を持つ中国国民との連携も、大事な仕掛けとなっていくだろう。

それこそが、日本復活の処方箋を貫く考え方である。例えば、本当に中国依存からの脱却に舵を切ることができるのか。習近平国家主席の国賓としての来日を拒否できるのか。それができずして、この国に未来はない。

対中制裁関連法が続々と成立した最近の米国と、それに歩調を合わせ始めた欧州の動きを見ていると、中国共産党による独裁体制は、環境の変化に適応できなかった恐竜のように自滅していくように思えてならない。

これは決して希望的な観測ではなく、本文でも縷々《るる》書いてきた通り、事実としてそうなるとしか思えてならないのだ。シェールガス革命で原油の完全な輸出国に転じた米国と、純粋な輸入国に落ちた中国の置かれた立場ひとつとってみても、米国がどれだけ有利な立ち位置にいるか、お分かりいただけるだろう。

入れ替わり立ち代わり為政者が変わった世界の国々と違い、皇室を戴く日本は、世界で最も長い歴史と文化、固有の文明を持つ国家である。建国百年ちょっとの中国の顔色をうかがうのは、もうやめてほしいと切に願う。

この書が、惰眠を貪る日本国民への目覚まし時計となれば、望外の喜びである。

本書は、産経新聞の論説委員として取材や執筆をしながら書き下ろした。講演会を含む紙面以外の言論活動に理解を示してくれた職場の上司、同僚に、この場を借りてお礼を言いたい。

また、3度にわたり、警世の書を世に問う機会を与えてくださり、ツイッターなどで絶えず参考情報を提供していただいたハート出版の日高裕明社長、新型コロナウイルスの影響で、当初のアイデアとはかなり違う内容となってしまったにもかかわらず、執筆を見守り励ましてくださった編集長の是安宏昭氏と同社のみなさま方に、深く御礼を申し上げたい。

◇著者◇

佐々木類（ささき・るい）

1964年、東京都生まれ。

早稲田大学卒業。産経新聞・論説副委員長。

大学卒業後、産経新聞に入社。事件記者として、警視庁で企業犯罪、官庁汚職、組織暴力などの事件を担当。地下鉄サリン事件では独自の取材網を駆使し、オウム真理教を刑事・公安両面から追い込むなど、特ダネ記者としてならす。

その後、政治記者となり、首相官邸、自民党、野党、外務省の、各記者クラブでのキャップ（責任者）を経て、政治部次長に。

この間、米紙「USA TODAY」の国際部に出向。米バンダービルト大学公共政策研究所日米センターでは、客員研究員として日米関係を専門に研究した。

2010年、ワシントン支局長に就任。その後、論説委員、九州総局長兼山口支局長を経て、2018年10月より論説副委員長。

尖閣諸島・魚釣島への上陸、2度にわたる北朝鮮への取材訪問など、徹底した現場主義を貫く一方で、100回以上の講演をこなし、論説委員時代には、読売テレビ「たかじんのそこまで言って委員会」に出演するなど、産経新聞屈指の論客として知られる。

著書に『静かなる日本侵略』『日本が消える日』（ハート出版）、『日本人はなぜこんなにも韓国人に甘いのか』『ＤＪトランプは、ミニ田中角栄だ！』（アイバス出版）、『新・親日派宣言』（電子書籍）、共著に『ルーズベルト秘録』（産経新聞ニュースサービス）などがある。

日本《にほん》復喝《ふっかつ》！

令和2年8月16日　　第1刷発行

著　者　　佐々木 類
発行者　　日高裕明
発　行　　株式会社ハート出版

〒171-0014 東京都豊島区池袋 3-9-23
TEL03-3590-6077　FAX03-3590-6078
ハート出版ホームページ　http://www.810.co.jp

ISBN978-4-8024-0104-3　　印刷・製本 中央精版印刷株式会社

静かなる日本侵略

中国・韓国・北朝鮮の日本支配は ここまで進んでいる

佐々木 類 著

ISBN 978-4-8024-0066-4　本体 1600 円

日本が消える日

ここまで進んだ中国の日本侵略

佐々木 類 著

ISBN 978-4-8024-0085-5　本体 1600 円

WHAT NEXT ―次に何が起こるか？

コロナ以後 全予測

宮崎正弘 著

ISBN 978-4-8024-0099-2　本体 1500 円

日本が危ない！ 一帯一路の罠

マスコミが報道しない中国の世界戦略

宮崎正弘 著

ISBN 978-4-8024-0073-2　本体 1500 円

犠牲者120万人　祖国を中国に奪われたチベット人が語る

侵略に気づいていない日本人

ペマ・ギャルポ 著

ISBN 978-4-8024-0046-6　本体 1600 円

元 韓国陸軍大佐の

反日への最後通告

池 萬元 著　崔 鶴山・山田智子・B.J 訳

ISBN 978-4-8024-0074-9　本体 1500 円

日本の南洋戦略

南太平洋で始まった 新たなる〈戦争〉の行方

丸谷元人 著

ISBN 978-4-89295-927-1　本体 1900 円